日本人の
モンゴル抑留と
その背景

ボルジギン・フスレ =編
Husel Borjigin

三元社

目次

日本人のモンゴル抑留とその背景

まえがき
ボルジギン・フスレ（Husel Borjigin）
7

国際シンポジウム
「日本人のモンゴル抑留とその背景」
開催にあたって
10
昭和女子大学理事長・総長　坂東眞理子（Mariko Bando）
昭和女子大学学長　金子朝子（Tomoko Kaneko）

第 1 章
モンゴル人民共和国による日本人捕虜の労働力の獲得とウランバートル市建設
15
田中克彦（Katsuhiko Tanaka）

第 2 章
スターリンはなぜポツダム宣言第9項を破ったのか
25
エレーナ・L・カタソノワ（Elena L. Katasonova）

第 3 章
粛清，戦争，動員，戦後国家建設
日本人のモンゴル抑留の背景
35
二木博史（Hiroshi Futaki）

第 4 章
モンゴルにおける日本人捕虜
ソ連抑留より短期間だが，苛酷だった？
51
富田武（Takeshi Tomita）

第 5 章
日本人抑留者のモンゴルへの移送についての再検討
69
ボルジギン・フスレ（Husel Borjigin）

第 6 章
モンゴル・日本両国の関係と
モンゴルに残された日本軍将兵の遺骨について
107
ガリンデヴ・ミャグマルサムボー（Galindev Myagmarsambuu）

第 7 章
ソ連時代のブリヤート・モンゴルにおける「シベリア抑留」 137
1945～48 年
123
オレグ・D・バザロフ（Oleg D. Bazarov）

第 8 章
「日本人」として処遇された朝鮮人
韓国における資料収集の現況
137
李守（Lee Su）

第 9 章
ソ連抑留 1 年目の日本人捕虜の高死亡率の原因とソ連政府の対策
ハバロフスク地方を例に
147
小林昭菜（Akina Kobayashi）

まえがき

ボルジギン・フスレ（Husel Borjigin）

　「シベリア抑留」とよばれるように，第二次世界大戦後の日本人の海外抑留について，人びとの視線は主に，シベリアないし北朝鮮，近年では旧ソ連領のカザフスタンなど中央アジア諸国やバルト３国に抑留された日本人にむけられている。しかし，実際には，当時モンゴルにも多くの日本人が抑留された。日本人のモンゴル抑留について，近年モンゴルでは盛んに研究されているのに対し，日本ではそれほど研究されていない。

　10年前，私はモンゴルで資料を調べた際，内モンゴル人捕虜に関する資料を複数発見した。1945年の夏と秋，本来，内外モンゴルの統一の夢をみて，モンゴルに移住する道を選んだ蒙疆政権と旧満洲国の一部の官吏，軍人，教員，生徒，遊牧民などが，結局，「捕虜」としてあつかわれ，過酷な労働などをしいられた。私はその後，精力的に内モンゴル人捕虜に関する資料を収集するようになったが，意外にも，これまであまり使われていない日本人捕虜の資料もみつかった。

　ハルハ河・ノモンハン戦争の研究を基礎に，筆者は研究プロジェクト「日本人のモンゴル抑留に関する総合的研究」を計画し，日本学術振興会の科研費助成（基盤研究C，課題番号26360024）を得た。抑留研究の推進において，関係諸国の研究者と議論する場をもうけることが重要であることはいうまでもない。6年間ほどの研究をへて，同分野における日本，モンゴル，ロシアの研究者と対話するシンポジウムを企画し，実現にいたった。

　2016年5月28日，昭和女子大学国際学科主催，同大学，公益財団法人守屋留学生交流協会後援の国際シンポジウム「日本人のモンゴル抑留とその背景」が東京で開催された。同シンポジウムは，第2次世界大戦終結後の日モ関係を中心に，モンゴルに抑留された日本人に焦点をあて，抑

留の背景や抑留にいたるプロセス，帰還をめぐる国際関係と政治過程などを総合的に分析し，歴史の恩讐を乗り越えた日本とモンゴルの友好関係の経験から得られる知見の発見とその検討を目的とした。

シンポジウムで，昭和女子大学坂東眞理子理事長・総長と金子朝子学長がそれぞれ開会の挨拶と閉会の挨拶を述べた。昭和女子大学教授李守，大正大学教授窪田新一が司会をつとめ，一橋大学名誉教授田中克彦，東京外国語大学名誉教授二木博史，ロシア科学アカデミー主任研究員エレーナ・L・カタソノワ（Elena L. Katasonova），成蹊大学名誉教授富田武，モンゴル科学アカデミー歴史・考古学研究所教授ガリンデヴ・ミャグマルサムボー（Galindev Myagmarsambuu）と筆者ボルジギン・フスレの6名が報告をおこなった。

本書は，同シンポジウムで報告された6本の論文に，李守，ブリヤート国立大学副学長，教授オレグ・D・バザロフ（Oleg D. Bazarov），法政大学大学院国際文化研究科兼任講師小林昭菜が執筆した論文を加えて，編集された論集である。本書は，関係諸国の研究者とともに問題の所在を探究することを意図しているが，解明されていない点がまだおおく残されている。先学，読者の批判と教示によって，今後の抑留の研究がさらに深まっていくことを念願している。

シンポジウムが成功裏に開催できたのは，下記の方々からあついご支援とご尽力をえられたからである。すなわち昭和女子大学理事長・総長坂東眞理子先生，学長金子朝子先生，公益財団法人守屋留学生交流協会理事長守屋美佐雄氏，昭和女子大学人間文化学部長増澤史子先生，総務部長生天目博氏，広告部長保坂邦夫氏，および国際学科長川畑由美先生，研究支援センター次長吉田奈央子氏，国際交流センター次長山崎真伸氏などである。また，国際学科特命教授マイリーサ先生，講師オキーフ・アーサー（Arthur O'Keefe）先生，助手山田実加子氏，本城愛氏，三輪直子氏などには煩雑な事務を手際よくまとめていただいた。

本シンポジウムのテーマを決める際，東京外国語大学名誉教授二木博史

先生のご助言を受けた。上村明氏，三矢緑氏，小林昭菜氏にはモンゴル語，ロシア語の論文の翻訳を担当していただいた。さらに，本書の出版にあたり，昭和女子大学研究助成金（研究代表 李守）をえた。ここに，上記の大学や財団，学術団体およびおおくの関係者にかさねて厚く御礼をもうしあげたい。

　最後に，本書の価値をみとめ，出版をひきうけてくださった三元社社長石田俊二氏に深く感謝したい。

2017年1月

国際シンポジウム
「日本人のモンゴル抑留とその背景」
開催にあたって

昭和女子大学理事長・総長　坂東眞理子（Mariko Bando）

　みなさん，こんにちは。
　本日は，国際シンポジウム「日本人のモンゴル抑留とその背景」を開催するにあたりまして，大勢の方々に本学へお越しいただき，厚く御礼申しあげます。
　昨年（2015年）は抑留と引き上げに関する資料が世界記憶遺産に登録され，今年は，「日ソ共同宣言」60周年を迎えました。先日，日本とモンゴルは経済連携協定（EPA）の効力発生のための外交公文の交換を行いました。このような背景のなかで，本日，日本・モンゴル・ロシア関係研究の一環として，日本人のモンゴル抑留を主題とした国際シンポジウムを開催する運びとなりましたことは，特別な意義があります。
　日本人のシベリア・モンゴル抑留について，各国の研究者によるさまざまな視点からの研究が活発になされてきましたが，解明されていない点がいまだ多く残されています。今回のシンポジウムは，各国の研究の現状や課題を総括し，新たに発見された歴史記録や学界の最新の研究成果を踏まえて，日本人のモンゴル抑留の全体像を明らかにすることを目的としていると伺いました。日本におけるモンゴル研究の中心的存在である田中克彦先生と二木博史先生，抑留研究の第一人者富田武先生，モンゴル国の著名な歴史研究者G.ミャグマルサムボー先生，ロシアにおける抑留研究の第一人者エレーナ・カタソーノワ先生をお迎えできましたことに，私どもは

本当に喜んでおります。各国の研究者が，共有しうる史料に基づいて歴史の真相を検証・討論することは，非常に重要です。

昨年8月末，私は国際シンポジウム「日モ関係の歴史，現状と展望」に参加するため，モンゴルに行きました。シンポジウム終了後，ウランバートル郊外の抑留者の慰霊塔を訪れ，樹を植えました。慰霊塔の周りは「異国の丘」の歌が思いだされる丘陵地帯であり，強い印象に残しました。国と国の間には，友誼もあれば対立も存在します。だからこそさまざまな葛藤や困難を乗り越えて，絆を深めていくことは，非常に大事です。

昭和女子大学はトルストイの理想とする「愛と理解と調和」に教育の理想をとしており，日本トルストイ協会は1996年に本学で成立しました。これまで，本学では，トルストイあるいはロシア文学や，ノモンハン事件などを研究対象とする国際シンポジウムを何回も開催してきました。その延長線として，今回のシンポジウムが企画されました。微妙で，難しいテーマではありますが，異なる視点を統合し，多様性の持つ歴史を浮き彫りにし，関係諸国の共通の歴史認識に一歩でも近づくことができたらと願っています。

最後に，このシンポジウムが当該研究の発展に実り多いものとなることを祈り，会を始めたいと存じます。

国際シンポジウム
「日本人のモンゴル抑留とその背景」
開催にあたって

昭和女子大学学長　金子朝子（Tomoko Kaneko）

　国際シンポジウム「日本人のモンゴル抑留とその背景」の開催，おめでとうございます。
　本日は御多用のなか，日本，モンゴル，ロシア，中国，韓国の各大学，団体から多くの皆様方にご参加いただき，大変ありがとうございました。ゲストの先生方からは，日本人のモンゴル抑留，および当時の国際関係などについて，大変充実した，内容の濃いご報告をいただきました。長時間お疲れ様でした。
　会場には，抑留者の遺族の方や，抑留に関心のある方，あるいはモンゴル，ロシアに関心を持っておられる方も多くおいでのことと思います。これは抑留研究，そして，今日のシンポジウムのテーマの重要性を示しているものだと思います。
　新しい資料を用いて，新説を提示された報告が多かったこと，また，本邦では，はじめてモンゴル抑留の映像記録が放映されたことは，今回のシンポジウムの大きな成果であると確信しております。総合討論でも，有意義な意見が述べられ，お互いに学ぶことが多くあり，私も非常に感銘を受けました。
　2016年に入って，日露関係は前向きに発展をし始めております。また，来年（2017）は，日本とモンゴル外交関係樹立45周年を迎えます。こうした折，本学はロシア連邦ブリヤート国立大学，モンゴル国立教育大学と

協定を結ぶことになりました。

　したがって，このシンポジウムを本学で開催させていただきましたことには特別な意義がございます。このような学術的活動を通して，本学は，研究面および教育面においても，日本とモンゴル，ロシアとの友好関係の促進に少しでも貢献したいという，強い思い入れがあってのことでございます。

　このシンポジウムで終わりではなく，はじまりであって，今後も継続して関連分野のさまざまな課題に取り組む上の契機となるように願っております。これからも，本学はモンゴルとロシアを含む，各国の大学や研究機関などとの関係をさらに深め，世界の平和と繁栄を支える次の世代の若者たちを育てていく所存でございます。

　最後に，みなさまのご研究のさらなる発展を祈り，閉会の言葉とさせていただきたいと思います。

　どうもありがとうございました。

第 1 章
モンゴル人民共和国による日本人捕虜の労働力の獲得とウランバートル市建設

田中克彦（Katsuhiko Tanaka）

1

　1945年8月8日，ソ連は日本に宣戦を布告した。当時日ソ間には1941年に締結した中立条約がまだ有効であったが，ソ連はその期間満了をまたずして，1945年2月4日のヤルタ協定——すなわち，ソ連はドイツ降伏後，2か月または3か月を経て対日戦に参加すべしという協定——を優先して対日参戦を決定した。日本がそれを知ったのは，8月9日の放送を通じてである。モンゴル人民共和国（以下モンゴルと省略する）はそれに2日おくれて8月10日に日本に宣戦布告した。

　注意しなければならないのは，この時モンゴルはいまだ独立国として国際的承認を得ていなかったことだ。独立を宣言したのは1921年の9月であったが，1915年におけるキャフタにおけるモンゴル，中国，ロシア三者間の協定では，ロシアはモンゴルがまだ中国の宗主権下にあることを認めていた。中国（蒋介石政権）が，モンゴルにおける住民投票（1945年10月20日）の結果から，最終的にその独立に同意したのは1946年1月5日のことである。

　しかしソ連はすでに1934年11月にモンゴルとの間に「相互援助条約」を口頭により締結していた。それは単に口頭の約束（紳士協定）であって，文書となったのはその2年後，1936年3月のことであった。

なぜ口頭の約束から文書にいたるまで，このような時間を要したのかといえば，モンゴル政府首脳の中に，このソ連との相互援助条約に反対，あるいは躊躇する勢力があったからである。事実，その1年後の1937年8月，まずモンゴル軍の最高指導者，デミッド将軍がモスクワに召還されたために乗った列車の中で死体となって発見された。食中毒とも毒殺とも伝えられる。10月には，1935年のハルハ廟事件（これが1939年のノモンハン事件に発展する）で満洲国・日本側と交渉にあたっていたサンボー，ダリザブなど古参の革命家を処刑した。そして11月には首相のゲンデンをクリミアなどに留置したあげく，モスクワで処刑したのである。そのあとを継いで首相となったアマルも，1939年3月，日本のスパイとして逮捕され，ソ連に送られて1941年に処刑された[1]。こうした一連のできごとから見るかぎり，モンゴルの当時の首脳たちがいかにソ連との軍事条約に反対し，独立を守ろうとしたかが想像される。しかし結果としてはソ連にねじ伏せられたのである。

2

　この相互援助条約は全体で6条から成り，その骨子は「ソ連，モンゴル両国は，どちらか一方が他国から攻撃を受けたばあい，いずれの側もみやかに，軍事を含むあらゆる援助を行う」ことを約束したものである。この条約にもとづき，モンゴルはソ連の対独戦中にも大量の家畜を送り，またソ連の対日戦にも参加したのである。
　ソ連は対日戦で60万人の日本軍捕虜を獲得し，その中から1万2000人をモンゴルに送ったことは，捕虜の労働力という戦利品をモンゴルに分与したのであり，相互援助条約に沿ったものである。このことから見ると，モンゴルは一般概念の独立国ではなく，完全にソ連の一部と考えられていたことが明らかになる。

3

　「第二次世界大戦の終末期に日本軍捕虜60万名あまりのうち2万名をモンゴル側へ引き渡すことが，ソ連とモンゴル人民共和国との間で協議のうえ決定された」[2]。モンゴル側は，この突然増えた2万人もの人口をどのように養うかに困惑したはずである。1945年時，モンゴルの全人口は約75万人と推定されるから，ここで一挙に2万人の成人男子の人口増加は相当の負担になったものと想像される。モンゴル側にとっては，労働力の増加は歓迎すべきであると同時に，2万人のための食料の供給は大きな課題であった。

　そこで実際にモンゴル側に引き渡された日本人捕虜の数が2万人に達せず，1万2318名にとどまったのは，おそらく，食事を要する人口をなるべくおさえたいというモンゴル側の希望に沿ったものと想像される。しかし，他方ではこの労働力をもって，モンゴル側には，一挙に首都を，実質的にも首都の名にふさわしい都市にならしめるための建設作業に用いるというアイディアが生まれたにちがいない。

4

　モンゴルの都市建設を考えるにあたっては，ウランバートルから北に向かって，国境を越え，約450キロのところにある，ロシア連邦を構成する，同族，ブリヤート・モンゴル人の共和国を参照して考えるべきであろう。ブリヤート・モンゴル自治共和国の首都となったウラン・ウデには，やはりオペラ・バレエ劇場の建設の構想があり，その建設は1940年にモスクワで決定された。しかしそれが実際に着手されたのは1948年で，完成したのは1952年であった[3]。しかし，それが日本人捕虜の労働によるたまものであるとは，ブリヤートで刊行された本書を含む文献のどこにも書いてない。

しかしブリヤートの多くの人はそれを知っている。かれらは，これは東シベリア最大の都市イルクーツクにもないオペラ・バレエ劇場であると誇りにしている。ウラン・ウデは1918年頃，日本のシベリア干渉軍の支配下にあったことをブリヤート・モンゴル人は知っているから，この劇場の建設が日本人の労働のたまものであることは言及されなかったのであろう。

ウランバートルの都市建設もまた，第二次大戦の終結によってはじめて可能になった。しかし，ウラン・ウデとウランバートルにおける都市の発生には大きなちがいがある。ブリヤートの首都ウラン・ウデは1666年にここにコサックのとりでが建てられたウェルフネ・ウディンスクが出発点となっている。つまりコサックによる征服が起源である。

それに対してウランバートルは，ウルグー（ロシア語にはウルガという形で導入された）という活仏の居住した寺院を中心に発達した集落，すなわち門前町が出発点である。すなわち都市としては外圧によらず，自生的に発生したのであるから，より民族的な色彩を帯びた近代都市として建設できるし，またそうしなければならないという意識があったのである。

5

ウランバートルの建設には，スターリンの有名な社会主義文化を特徴づけるスローガン，「形式は民族的にして，内容は社会主義的」という理念がよく活かされていると思われる。したがって建築には，この「形式面」つまり民族的な特徴を濃く表現することができたのである。

モンゴルの首都に出現した建築群は，この理念の実現であるとして書かれたD.マイダリの著書『モンゴルの建築と都市建設』（1971年，モスクワ）はモンゴル近代建築についてのたいへんすぐれた労作である。たとえばこの本には近代建築として建てられた結婚式場が，いかに民族的特徴をよく表現しているかなどが解説されている[4]。

本書には「1945年、戦争捕虜（日本人）管理局が設けられ、建設事業と、地域的建築資材の問題など民族幹部が自力ではまだ解決できないことが多数生じたので、社会主義諸国から専門家たちを招いた」と述べられている[5]。これはわずかな記述であるが、モンゴル側が自ら、日本軍捕虜の貢献について述べた数少ない、もしかして、ほとんど唯一の記述であろう。この著者はまた、人民革命が起きたとき、文字の知識のある者はごく少数であり、1935年には7.3％、1940年には24.2％、1947年には59.6％までに成長したという数字をあげて、モンゴルが自力でこれらの近代建築にたずさわることがいかに困難であったかを語っている。このようにして、日本人捕虜の労働と、社会主義諸国の専門家たちの協力によって、1947年には、国立大学、国立図書館、ドラマ劇場、「エルデブ・オチル」映画館その他の建築物が計画されたと述べている[6]。

6

　これらの建築物の建築作業に加わった日本人の中には、自分たちが建設に加わったそれぞれの建物について克明に記憶し、それを帰国後、記憶にもとづいて復元した人たちがいる。その一人が春日行雄氏である。春日さんとはじめて会ったのは、1962年の秋であった。東洋文庫をはじめ、モンゴル関係の文書を保管している図書館などを調査するために日本にやってきた、ボン大学のハイシヒ教授の客船を横浜の埠頭に見送るためであった。私もちょうど、ハイシヒを見送るために来ていたからここではじめて春日さんと知り合った。春日さんはその時のことを、私と「近くの喫茶店でしばらく話し合った」と記している[7]。喫茶店で春日さんから見せられたのは、ウランバートルのスフバートル広場を中心とする近代建築群の見取り図をはじめ、さまざまな工場などの図面であった。とりわけ感心したのは、アムラルト病院内や煉瓦工場の図面であった。春日氏はこの3つの図面を、出国時にすべて没収されたので、もっぱら記憶にたよって復元

したのだという。これらの図面をハイシヒに見せるために持ってこられたのである。

　春日さんの情報によって，またその他の人々の書き残したものや直話から，日本人捕虜がたずさわった建築物には，マイダリ氏が掲げたもののほかに，中央郵便局の建物などがあることがわかっているが，これらについてはより正確を期す必要がある。日本人捕虜たちがもたらした情報は末端にかかわるものであり，全貌を知るには，より詳細を調べる必要がある。

　こうした建築群は，何よりもスフバートル広場とその中心にあるスフバートルの騎乗姿の石像を中心に配置されていて，その最初の建築計画を知る必要がある。この問いに答える書物が 2011 年，Ch. ダシダワーらによってはじめて刊行された。

7

　この書物は『スフバートル像の真実の歴史』と題され，ここに像を建立する党中央委員会の決定が 1923 年 12 月 15 日になされたと記録に残っている[8]。しかし実際に作られたのは像ではなく記念碑であり，この記念碑は 1930 年 5 月に除幕式を行った。この碑は 1946 年に国防省の前に移動させて，いよいよ念願の像を建てることになった。像の建設は，1946 年 2 月 23 日，閣僚会議と党中央委員会合同会議により決定され，同年 7 月 1 日に完成することを期したのである。この石像は 2010 年から 11 年にブロンズの鋳像にとりかえられるまで 55 年間，スフバートル広場の中心からモンゴル全土を見守りつづけたのである。そして私たち観光客がその傍らに立って記念撮影する，注目の像になったのである。

　閣僚会議と党中央委員会の決定は，日本軍捕虜の労働力の導入と密接な関係があると思われる。ダシダワーたちの『スフバートル像の真実の歴史』は，「日本軍捕虜の労働力を用いて，首都の中央広場をとり囲む大建

築物の工事にとりかかった。広場の北面には政庁宮殿，西側には「アルタイ・ホテル」(今日のウランバートル市庁)，西南面には映画劇場，東南には外務省，その手前には国立大劇場，北東側には広場から少し離れた場所には国立大学，その西側には住宅群の建設に着手した」と書いている。

さらにチョイバルサン元帥は，当時の画家や設計士に，世界の大都市の中央広場はどのような規模のものであるかを調査研究するよう命じ，その結果パリのコンコルドをモデルにした」という建築家 S. オドバル氏の話を伝えている[9]。

モンゴル当局は勤勉な日本人捕虜をかかえることによって気宇壮大な計画を立てることができたと想像される。しかしふしぎなことに，日本人捕虜の中に，スフバートル像の建設に加わったという話を聞かないのはなぜだろうか。

私たちは，もうほとんど存命しなくなっている日本人捕虜からの直接の話は聞けなくなっているので，かれらが断片的に残した証言をあつめ，モンゴルに保存されている公文書などの資料をつきあわせて，終戦直後の1946～48年頃の，何よりも，モンゴルにおける首都建設の歴史と，それに加わった日本人捕虜の貢献度を明らかにしたいものである。その結果は，モンゴルと日本のいずれにおいても明らかにされるべきである。それは，モンゴルの観光業の発展にも貢献するはずである。

終わりに，スフバートル像とその周辺の，ウランバートル市中心部の建築群は，ソ連の設計士とモンゴルの彫刻家との協力によって達成されたことは強調すべきであると思う。ソ連の画家で，スフバートル像の下絵を描いた人の名に，A. Okladnjkov, V. Abakulin, Ja. Pocheptsov, B. Shustov, K. Ivanov, S. Pavlov などの名が挙げられているが，今日の像に最も近い下絵を描いたのはアバクーリンであろうと思われる。これらの像にもとづいて，実際に像の製作にあたったモンゴル人の名としては，S. チョインボルの名があがっていて，かれは，最初から最後まで，一人で像の作製に

あたったと思われる。

　チョインボルの経歴については，次のような話が伝えられている。

　かれは1937年の大量粛清の時代の，仏教徒弾圧のぎせい者として監獄に入れられていた。監獄長のバルジンニャムは，この信仰厚い仏師の腕前をよく知っていたので，かれがいかに有能の人であるかをチョイバルサンに告げた。チョイバルサンはその腕前を信じてかれを釈放した。チョインボルは釈放された後，ソ連の彫刻家 S. D. メルクーロフの工房に弟子入りして，1943～45の間修業し，腕にみがきをかけてから，女性彫刻師 D. ダムディマーらとともにスフバートル像を仕上げたと伝えられている。

　モンゴル独立の象徴となったスフバートル広場とそれを囲む建築群の設計者，彫刻家について，モンゴルの学者たちによってこれほどまでに明らかにされた今日，日本人捕虜たちがその計画の実行面においてどのような貢献をなしたかを明らかにする作業もまた，進め得る可能性が現れたと期待できるし，またその作業を実現にうつすべく大きな励ましを与えるものである。

註

1　田中克彦『ノモンハン戦争——モンゴルと満州国』(岩波新書，2009年)。

2　B. エルデネビレグ「日本・モンゴル関係における捕虜問題」(ボルジギン・フスレ編『日モ関係の歴史，現状と展望——21世紀東アジア新秩序の構築にむけて』風響社，2016年，p.55)。

3　R. A. Serebrjakova, *Ulan-Ude, putevoditelj*, Ulan-Ude, 1968, pp.43-44 (R. A. セレブリャコーワ『ウラン・ウデ案内』，ウラン・ウデ，1968年，pp.43-44)。

4　Majdar, *Arkhitektura i gradstroiteljstvo Mongolii*, Moskva, 1971 (D. マイダリ『モンゴルの建築と都市建設』，モスクワ，1971年)。

5　同上 (p. 143)。

6　同上 (p. 144)。

7　春日行雄『ウランバートルの灯みつめて五十年』(モンゴル会，1988年，

p.250)。
8 Ch. Dashdavaa, T. Gantömör, Ch. Bold, *Sükhbaataryn khöshöönij ünen tüükh*, Ulaanbaatar, 2011 (Ch. ダシワダワー，T. ガントゥムル，Ch. ボルド『スフバートル像の真実の歴史』，ウランバートル，2011 年).
9 同上 (p.32)。

参考文献
(モンゴル語)
Ch. Dashdavaa, *Japony olzlogdogsod Mongold*, Ulaanbaatar: Bembi san, 2013. (Ch. ダシダワー『モンゴルにおける日本人捕虜』，ウランバートル，2013 年).
Ch. Dashdavaa, T. Gantömör, Ch. Bold, *Sükhbaataryn khöshöönij ünen tüükh*, Ulaanbaatar, 2011 (Ch. ダシワダワー，T. ガントゥムル，Ch. ボルド『スフバートル像の真実の歴史』，ウランバートル，2011 年).

(ロシア語)
D. Majdar, *Arkhitektura i gradstroiteljstvo Mongolii*, Moskva, 1971 (D. マイダリ『モンゴルの建築と都市建設』，モスクワ，1971 年).
R. A. Serebrjakova, *Ulan-Ude, putevoditelj*, Ulan-Ude, 1968, pp.43-44 (R. A. セレブリャコーワ『ウラン・ウデ案内』，ウラン・ウデ，1968 年).

(日本語)
B. エルデネビレグ「日本・モンゴル関係における捕虜問題」(ボルジギン・フスレ編『日モ関係の歴史，現状と展望――21 世紀東アジア新秩序の構築にむけて』風響社，2016 年).
田中克彦『ノモンハン戦争――モンゴルと満州国』(岩波新書，2009 年).
春日行雄『ウランバートルの灯みつめて五十年』(モンゴル会，1988 年).

第 2 章
スターリンはなぜ
ポツダム宣言第9項を破ったのか

エレーナ・L・カタソノワ（Elena L. Katasonova）

　関東軍がソ連の捕虜となり，ソ連及びモンゴルの収容所に移送された歴史の研究で最も重要且つ複雑な問題は，日本でもよく知られている1945年8月23日付国家防衛委員会決定9898ss「日本軍軍事捕虜の受け入れ，配置，労働使役について」であり，この中で50万人の日本人捕虜がソ連へ強制労働に送られることについて詳細に書かれている。当該文書は，敗北した敵軍の兵士・将校に対するソ連指導部の政治的路線を決定したものであった。

　対日戦争を開始したソ連が加盟したポツダム宣言第9項によると，連合国側は「日本国軍隊が完全に武装解除せられたる後，各自の家庭に復帰する」ことを保証した。1945年8月8日，対日戦争に参戦したソ連はポツダム宣言に加わったと同時にこの第9項を遂行する責務を負っていたのである。

　これらの義務に従い，1945年8月16日ソ連指導部では，ラヴレンチー・ベリヤ，ニコライ・ブルガーニン，アレクセイ・アントーノフが連名で極東ソ連軍総司令官のアレクサンドル・ワシレフスキー元帥へ極秘暗号電報を送付した。その電報には「日満軍の捕虜はソ連領へ移送しない。捕虜収容所はできる限り日本軍の武装解除の場所に設ける」とはっきり書かれていた。しかしちょうどその一週間後，事実上この命令を打ち消す，スターリンが署名したソ連国家防衛委員会決定が発表されたのである。

スターリンにポツダム宣言違反させた動機はいったい何だったのか。ソ連の指導者がより興味を抱いていたことは何だったのか。それは，連合国との関係，ソ連の国内経済復興，またはソ連の戦後の体制を決める広範な計画であったのか。今も多くの政治的，イデオロギー的，経済的特徴を持つ仮説が語られている。

　まず，ソ連での日本人捕虜の強制労働が戦争時のソ連指導部の指令に十分適った賠償の基本的形態の一つとして検討されていた，という説から始めるべきであるが，これは先にドイツ人捕虜に対して適応，考慮された賠償形態であった。戦後賠償問題を討議した1945年のヤルタ会談では，戦勝国にドイツ人の労働力を提供するというソ連代表団の提案は，合理的であると正式に認められていたのである。

　敗戦国ドイツの賠償形態の最重要事項として強制労働というアイデアを提示したのは，ソ連の外交官イワン・マイスキーであった。彼はソ連が被った損害賠償委員会の委員長であったため，当時のソ連外相ヴャチェスラフ・モロトフに500万人のドイツ人捕虜を抑留することを提案した。そしてこれらのドイツ人捕虜は内務人民委員部の管理下で作業に従事するというものであった。ソ連はこの強制労働が，ドイツ人に「最終教育の場」[1]を提供し，祖国ドイツへ「より身体的にも精神的にも成長した姿」で帰還させることになるという点がメリットであると考え，それが動機づけとなっていた。マイスキーは，この過程で，「然るべき啓蒙プロパガンダ的手法」を取り入れた場合，更によい結果になると考えていたのである[2]。

　当時の外相ヴャチェスラフ・モロトフもその他の複数の政府要人も同様に，経済的問題に対してイデオロギー的アプローチはセットで必要であると考えていた。しかしマイスキーの意見をスターリンが後押ししたおかげで，その他の者たちはこの意見を擁護することができたのである。

　また，テヘラン会談でスターリンは，約400万人のドイツ人を数年間ソ連での復興作業に利用するつもりであることを十分にそして明確に明

かしていたのである³。英首相チャーチルと米大統領ルーズベルトは，この問題の詳細には立ち入らなかったが，スターリンの計画に理解を示した。しかしこの件に関する詳細な議論は，一年後の1944年1月14日に開始されたヨーロッパ諮問委員会で行われた。特徴的な出来事を上げると，ソ連代表部がモスクワからある指示を命じられていた。「休戦と武装解除の調印の後に彼らを軍事捕虜と規定する米国と英国とは対照的に，ソ連案ではこれらの兵力全てを軍事捕虜と宣言することを求める。我々の要求が史上先例のないものであるという理由で米英側より異論が出た場合，同じく類例のない無条件降伏の原則の基礎となる案としてこれを主張すべき」というものであった⁴。

ソ連指導部が提案したこの立場は，ヨーロッパ諮問委員会で激しい論争を引き起こした。米英の代表団は，軍事捕虜という立場になったドイツ人と共に，国際法に従った待遇をするよう主張した。しかしこれを遵守するには，捕虜の各々に適切な住居，基準通りの食事，適切な衣服を提供しなければならないため，かなりの経費を要することを意味した⁵。

しかしながら，結局はソ連側が提案した妥協案が認められ，敵軍の兵士を捕虜にすることは戦勝国の義務ではなく，権利となった。つまり，連合国がふと思いつきで決めた通りに，降伏したナチスドイツ国防軍の兵士の取り扱いが決定されたのである⁶。

次の出来事が示すように，この妥協案は米英によってその時にまとめられた。「ドイツ敗北に関する宣言」の第2条第2項では，総司令部に「誰を軍事捕虜とみなすかという決定を各連合国軍が独自に承認する」ことが提示してあった⁷。

この原則をソ連はその後日本へ適用しようとした。ポツダム会談でこの問題は公に議論されなかったが，連合国がポツダム宣言を準備した段階で第9項は明記された。その9項には，捕虜ではなく，降伏した日本軍軍隊の復員を命じ，長期的な捕虜の抑留の可能性は全て排除されていた。しかし，ソ連指導部は，この規定を完全に無視したのである。

興味深いことに，1945年9月1日，ソ連外相モロトフは米国務長官バーンズとの非公開会議にて，バーンズに「なぜアメリカ人は日本人捕虜を日本へ送還しているのか，ソ連がするように労働力として使役しないのか」と問いかけた。まさにこれにより彼はソ連の指導部によって承認された国家防衛委員会決定を公に声に出し，その後の計画についても明確にしたのである。これは，正式的にソ連の決定を世界に発表したいという欲求であったのか，当時既に始まっていた冷戦において旧連合国に敵対するチャンスととらえていたのか。

　実際にそれ以前まで反ヒトラー連合の連合国同士には，深刻な亀裂が形成されていた。よく知られている通り，ローズヴェルトはソ連が太平洋戦争に参戦することに大きな意義を与え，そのためにモスクワで重要な領土の譲歩をする準備ができていた。しかしトルーマンが権力を握った後，二国間関係は急激に変わった。そこで，アメリカ人は極東方面の共産主義の影響を脅威と認識しながら，ソ連が対日戦争に加わることを認めない冷酷な実験を実施した。彼らは，我々ソ連を参戦させずに，日本の戦後復興から除外し，自分たちの武力で太平洋の軍事行動を終わらせることを目論んでいた。この目的を達成するため，ワシントンがポツダム宣言の条件を日本に早く受理させることを望んでいたので，広島と長崎への核爆弾投下という手段に全ての焦点が絞られてしまったのである。

　もうひとつローズヴェルトがスターリンへ約束しアメリカ政府が違反した占領地域に関する問題がある。ソ米2国の指導者間には，ソ連軍による北海道占領に関する極秘の合意があった。スターリンは北海道を将来的にソ連領の管理下に置こうとしていた。しかし1945年8月16日にトルーマンが「ドイツ分割方式」での日本分割計画を撤回し，米占領軍の手中に日本全土の管理の全権を付与させたため，スターリンは既に始まっていた日本本土上陸作戦を最終的には中止することを余儀なくさせられた。自ら国境を拡張するという潜在的な可能性を失ったため，ソ連指導部は，ポツダム宣言に書かれた日本人捕虜に関する義務を恣意的に無視するという態

度で連合国に反応した。この出来事を理解するにはこのようなソ連独自の歴史的政治的ロジックが存在する。

根拠がないわけではない説として，日本の参謀本部自らが無償の労働力として日本人捕虜の労働使役を提案していた点も重要である。日本の大本営からソ連のワシレフスキー元帥に宛てに送られた 1945 年 8 月 21 日付の書簡がその説の論拠である。その書簡には，日本の戦後処理に関して，今後の連合国間の交渉で日本の国益を保護することをソ連側に要求する内容が含まれていた。また，天皇の命を救うという内容も含まれていた。その代わりに，ソ連の国益になるならば日本人捕虜を無償の労働力として日本国籍を剥奪するまで使役することを提案していた。この書簡は現在も機密扱いでモスクワ郊外ポドリスク市の国防省公文書館に保存されている。

もう一つ排除することができない説がある。それは，ソ連領へ日本人捕虜を移送するというスターリンの決定が，長期間極東の国境で日本の軍事的脅威の基を根絶する労力をソ連が払っていたという根拠から，日本軍に決定的な打撃を与えねばならないという意欲に導かれたという説である。これに関しては，とりわけ日本の中央公論社が 1945 年末のスターリンと蒋介石の息子との会談の一説を発表して裏付けている。「当時の対談者の証言では，スターリンがその時，問題はアメリカが日本を占領しつつも日本軍を捕虜にしていないことだ，第一次世界大戦後ドイツに対して使われた原則であるのに。」と述べたのである。続けて，「もちろん，日本軍隊の復活は可能である。人口は多いし，日本人は強い復讐心を持っている。日本は再起しようとしている。それを防ぐために 50 ～ 60 万人の兵士と約 1 万 2 千人の軍幹部を捕虜にする必要がある。アメリカ人は日本の占領で苦労させられた経験がないのだ。」[8]。

以上の説は本テーマに関わる全ての見解というわけではない。諸説の各々が存在する根拠を持ち，問題を検討する我々の理解を補っている。さらに，日本人将兵捕虜の大部分の降伏が，満洲のソ連軍当局にとって非常

に困難さを伴ったものであったことを指摘している目撃者の回想も重要である。「大量の捕虜の食糧（自活分はわずか），熟練された医療処置，被服を確保すること，臨時の収容施設やその他多くの課題を決定する必要があった。主要かつ重要な問題に関する指示を我々は受けたが，残りは現場で決めることを余儀なくされ，そのうえすぐに決めさせられた。」とメレツコフ第一極東方面軍司令官が証言した[9]。

当時の体験者であるガレーエフ上級大将（筆者の個人的知り合いでもある）は，ソ連当局が捕虜をソ連へ移送する方法は，補足した将兵の命を救うだけの選択肢しかなかった，と筆者に語った。武装解除された60万人の敵軍の迅速な移送を組織することについて，適切な交通手段や諸々の能力がソ連当局には欠如しているという話は論題にならなかった。更に彼は，医療や衛生面や中国人側からの反日行動の増強の点から，日本人捕虜を継続して満洲に留め置くことは保障できなかったと語った。

これまで述べてきた論拠のうちのどれが日本人捕虜の運命を確定する決定的な役割を担ったのか，そして国家防衛委員会会議でこの問題に関する討論がどのように行われたのか，スターリンの側近たちがどのような意見を述べたのかを解明するため，私は国家防衛委員会決定9898ssの全ての準備過程を明らかにすることができる公文書史料を長い間調査し，ついにこれを見つけた。これは捕虜問題をより広範に評価することができ，当時ソ連指導部が考えていた将来の対日関係に関する戦略をより理解することができるものである。

昨年ロシア社会政治史文書館はソ連国家防衛委員会の2巻の史料集を出版した。これらは現在当該文書館のホームページで閲覧可能である。筆者はそこにこれまで述べた問題の解明に不可欠な文書があると期待したが，残念ながら見つからなかった。しかしある新たな関連する事実がこれらの文書を調査した結果判明した。

1. 実際，1945年8月中旬から下旬の日付が書かれたこの国家

防衛委員会の全ての決定事項は，ソ連の国民経済施設に労働力を動員することに焦点が当てられている。然るべき国民経済施設に日本人捕虜を移送することを要求する多くの内容が各地方やその企業団体，主にシベリア，極東からの手紙の中にあった。

 2. 国家防衛委員会の実際の活動を調べてみると，全ての問題と解決が委員会会議で討議されたわけではなかったこと，関係する各省との合意に従って事前に準備をし，決められた手順に従って手続きがなされ，スターリンが署名したわけではないと推定できる。つまり，ソ連指導部による本件の議論の議事録はおそらく存在しない。

 3. 不思議なことに，当該決議は緑色ペンでスターリンの署名が書かれていた。彼らの規則では，最も重要な文書は赤色ペンでサインされ，次に重要な事項は青色のペン，続けて緑色，最も優先度が低いものは鉛筆でサインされていた。これを根拠にした場合，当該決議は極めて重要な政治的意義のある文書として審議がなされなかったと推測できるだろうか。

 以上の調査から，日本人捕虜の運命を決めたのは，やはり経済的要因が最も基礎的な事実としてあるということが予測できる。ソ連の国民経済は，戦争で破壊され，特にシベリアや極東で労働力を極端に必要としていたということである。これらの地域では，豊富な地下資源を採掘し，近代的な産業を築かなければならなかった。ソ連指導部が掲げた経済目標と同じ目標が，当時ソ連と戦略的同盟国のうちの1つであったモンゴルへ送られた日本人捕虜に対しても追求された。これらの説は全てまだ決定的とは言い難く，今後もロシアの公文書館での調査は続けていかなければならない。

註

1 訳者注：ソ連で強制労働をすれば，身体的にも精神的にも成長する，その手助けをソ連がするのだという意味。
2 A.M. Filatov, "V komissiyah Narkomindela", *Vtoraya mirovaya voina. Aktyalinye problemi*, Moscow, 1995, pp. 56, 64（アレクセイ・M・フィリトフ「外務人民委員部の委員会において」『第二次世界大戦　当面の諸問題』モスクワ，1995年，pp.56, 64）．
3 W.Churcill, *Vtoraya mirovaya voina. Book 2*, Moscow, 1991, p. 604（W.チュルシル『第二次世界大戦』第2集，モスクワ，1991年，p.604）．
4 AVPRF（ロシア連邦外交政策文書館），F.6, d.150, p.15, l.4-5.
5 M.M. Semiryaga, *Kak Myi upravlyali Germaniei*, Moscow, 1995, 203（ミハイル・M・セミリャガ『我々はドイツをどのように統治したか：政策と動向』，モスクワ，1995年，p.203）．
6 *Mejdynarodnaya jizni*, 1996, No.4（『万国の動向』，1996年第4号）．
7 *Vneshnyaya politika Sovetskogo Soyuza v period Otechestvennoi voini. Dokymenti I materiali. T.3.*, Moscow, 1947, p.275（『祖国戦争期のソ連外交政策　文書とデータ』第3巻，モスクワ，1947年，p.275）．
8 『中央公論』(2003年第10号，p.195)。
9 K.A. Meretsukov, *Na slujube narody*, Moscow, 1983, p.423（キリル・A・メレツコフ『人民のために仕えて』，モスクワ，1983年，p.423）．

参考文献

(ロシア語)

AVPRF（ロシア連邦外交政策文書館），F.6, d.150, p.15, l.4-5.

Vneshnyaya politika Sovetskogo Soyuza v period Otechestvennoi voini. Dokymenti I materiali. T.3., Moscow, 1947（『祖国戦争期のソ連外交政策　文書とデータ』第3巻，モスクワ，1947年）．

K.A. Meretsukov, *Na slujube narody*, Moscow, 1983（キリル・A・メレツコフ『人民のために仕えて』，モスクワ，1983年）．

Mejdynarodnaya jizni, 1996, No.4（『万国の動向』，1996年第4号）．

M.M. Semiryaga, *Kak Myi upravlyali Germaniei*, Moscow, 1995（ミハイル・M・セミリャガ『我々はドイツをどのように統治したか：政策と動向』，モスクワ，1995年）．

A.M. Filatov, "V komissiyah Narkomindela", *Vtoraya mirovaya voina. Aktyalinye problemi*. Moscow, 1995（アレクセイ・M・フィリトフ「外務人民委員部の委員会において」『第二次世界大戦　当面の諸問題』モスクワ，1995年).
W.Churcill, *Vtoraya mirovaya voina. Book 2*. Moscow, 1991（W. チャーチル『第二次世界大戦』第2集，モスクワ，1991年).

（日本語）
エレーナ・カタソノワ著，白井久也監訳『関東軍兵士はなぜシベリアに抑留されたのか』（社会評論社，2004年).
『中央公論』（2003年第10号).

（訳＝小林昭菜）

第 3 章

粛清，戦争，動員，戦後国家建設
日本人のモンゴル抑留の背景

二木博史（Hiroshi Futaki）

1. はじめに

　日本人のモンゴル抑留は，日本国民の歴史とモンゴル国民の歴史が悲劇的に交叉した結果生じた不幸なできごとだった。20世紀のはじめ，日本はアジア大陸の東に勢力拡張のための突破口をつくり，北の方向にその勢力範囲を拡大させようとし，南下政策をとるロシアと衝突した。やはり20世紀のはじめに清朝から独立したモンゴルは，つねにロシアのうしろだてを必要としたために，その政策のつよい影響をうけざるをえなかった。日露戦争後は協定によって相互の勢力範囲をきめた日本とロシアは，しばらくはバランスのとれた関係を維持したが，第一次世界大戦，ロシア革命によりそのバランスはくずれ，日本はロシア（のちにはソ連）の安全をおびやかす存在になった。

　日本が1932年3月に傀儡国家満洲国をつくり，ソ連と領土を接する地域を支配したことは，緩衝国家としてのモンゴル人民共和国の運命をおおきくかえた。1924年5月の中華民国との合意（中ソ協定）で，外モンゴルが中国領であることをみとめたソ連は，モンゴルに軍隊を駐屯させることを中国の主権の侵害とみなしさけていたが，隣接地域への関東軍の出現は，ソ連の安全保障をおびやかすものであったため，ソ連は自国防衛のためにモンゴル地域に対して，より積極的な政策をとらざるをえなくなった。こ

のような状況は、ソビエト・ロシア時代にバロン・ウンゲルンをリーダーとする白衛軍が外モンゴルを占領したとき (1921年2～7月) の状況とある程度共通している。

満洲国の誕生は、ソ連によるモンゴルの完全保護国化をまねき、その過程でモンゴル内では大粛清がおこなわれた。

小論では、モンゴルにおける粛清と日本人のモンゴル抑留の関係、モンゴルの連合国陣営への参加、戦後の都市建設の問題を中心に考察する。

2. 大粛清とモンゴルの保護国化

満洲国とモンゴル人民共和国のあいだの軍事衝突 (1935年のハルハ廟事件) の翌年に締結されたモンゴル・ソ連相互援助条約は、中華民国のつよい非難をあびたものの、ソ連軍にモンゴル進駐の法的根拠をあたえ、同時にモンゴル人民共和国に国際法上の独立のステイタスを獲得するのに有利な条件をも提供した。

しかし関東軍が満洲国のわくをこえた軍事作戦をはじめ、日中戦争が本格化すると (1937年7月)、ソ連はモンゴルの指導者たちの粛清、大規模な軍隊の進駐という方法でモンゴルの主権を喪失させた。すなわちクリミア半島で監視下においていた前首相 P. ゲンデンを7月10日に逮捕し (11月26日に処刑)、全軍司令官兼国防大臣の G. デミドをシベリア鉄道の駅で暗殺した (1937年8月22日)。二日後の8月24日、ソ連の内務次官フリノフスキー、国防次官スミルノフが直接オラーンバータルにのりこみ、28日には115名の逮捕者リストをモンゴルがわにわたした[1]。リストのなかには政府・軍の指導者、地方の行政機関・党組織の長、学術機関・芸術団体の責任者の大部分がふくまれ、それ以外に移住してきたモンゴル系住民 (ブリヤート、バルガ、チャハルなど) の有力者もはいっていた。9月10日の夜、同リストに記載された70名ちかくが逮捕され、大粛清がはじまる。このおなじ時期にソ連軍部隊のモンゴル進駐もはじまった。ソ連の指

示で粛清を実行した内務大臣 Kh. チョイバルサン（1895-1952）はデミドのポスト（全軍司令官，国防大臣）をもうけつぎ，ソ連の傀儡として，モンゴルにおける独裁者の地位をきずきはじめる。ソ連は予想しうる日本との戦争の最前線の防衛のための政策を実施したのである。1937年から1939年のあいだに25,824人が粛清され，そのうち20,474人が銃殺された[2]。そのおおくは"日本のスパイ""反革命組織のメンバー"という罪名を与えられた。1937年のモンゴルの人口は74万人だったので[3]，国民の実に3パーセントの人々が処刑された計算になる。とりわけターゲットになったのは，当時の知的エリートたる僧侶たちであった。1937年から1947年のあいだに粛清された僧侶は17,612名で，粛清者総数の55.7パーセントに達した[4]。仏教寺院のほとんどが破壊され，モンゴルの学者，芸術家が何百年もかけて蓄積した多数の文化遺産がこの時期にうしなわれた。

　粛清された非常におおくの指導者のかわりに，わかい世代の者たちが政府や党や軍の組織を指導していくことになり，結果として牧畜民や労働者の数がそれだけへった。このことによる労働者不足をおぎなうために，日本人捕虜が動員されたという側面があるのではないかと，わたしはかんがえている。モンゴルが最初にソ連に要求した日本人捕虜の数は2万人であったが，これは1937年から39年のあいだに処刑された人数とほぼ一致する。このことは偶然の一致とはかんがえられない。

　ソ連・モンゴル軍と日本・満洲国軍が対峙した1939年5〜9月のハルハ河戦争（ノモンハン事件）は，ソ連からみれば，自国の防衛のための戦争であった。ソ連軍とともに戦闘に従事したモンゴル軍の規模ははるかにちいさく，損耗（戦死者237名，戦傷者626名，行方不明者32名）[5]もソ連軍にくらべれば比較にならないほどすくなかったが，当時のモンゴルの人口（736,400名）をかんがえるとおおきな数字で，日本に対する戦時賠償要求の根拠になりうるものであり，日本人のモンゴル抑留のおもな要因のひとつになった。

　イギリス，アメリカ，ソ連間のヤルタ協定（1945年2月）は，ドイツ

降伏後，2，3か月以内にソ連が対日参戦することで合意し，周知のように，ソ連の要求により，外モンゴルの現状維持（status quo）を承認し，モンゴル人民共和国の完全独立にみちをひらいた。しかし，ソ連の要求には，将来におけるソ連の防衛のために必要な，モンゴルの緩衝国家としての地位を永続化させるという目的もふくまれていたのであり，モンゴルの本当の意味での政治的独立をみとめたわけではなかったことに留意する必要がある。そのことは，モンゴルの独立を中国にみとめさせるための交渉のなかでの，中国の行政院長宋子文（Song Ziwen）に対するスターリンの発言（1945年7月2日，モスクワ）のなかに露骨に表明されている。すなわち「もし日本が屈服したとしても，時間がたてば，いずれドイツがそうしたように，復活することができる。ソビエト連邦は，自己の軍隊によって外モンゴルを防衛する権利を確保する必要があるのであり，そのことは中国の利益にもなる。われわれがつよくなれば，中国もつよくなるのだ」[6]。このスターリンの発言は，当時のモンゴルとソ連の関係をはっきりとしめしている。

3. モンゴル軍の参戦

1945年8月10日の0時45分にモンゴルの国家小ホラル幹部会と閣僚会議の特別合同会議がひらかれた。小ホラル幹部会議長のG. ボムツェンド（1881-1953）が開会し，チョイバルサン首相の発言をうながした。チョイバルサンは，「今日ラジオでつたえられた重要なニュースを諸君はきいたとおもう」とはなしをきりだし，モンゴル人民共和国が日本に宣戦布告する理由について説明した。"重要なニュース"とは，いうまでもなくソ連による対日参戦の発表をさす。チョイバルサンは，モンゴル人の独立国家維持のための努力に対する帝国主義国日本の妨害に報復すべきであること，日本による抑圧にくるしんでいるモンゴル人同胞を解放すべきことが宣戦布告の主要な目的だとのべた。2番めの目的については，「われわれ

モンゴル人民の兄弟，親戚である内モンゴル，バルガ・モンゴルを日本のサムライ・ファシストがみずからの支配下におき，ひどい抑圧をくわえている．現在，このような抑圧下にあるモンゴル人は塗炭のくるしみをあじわっている」[7]とのべ，国境外のモンゴル人に対する連帯を表明している．このあと，B. シャグダルジャブ（内務相），B. ラムジャブ（副首相），B. シレンデブ（中央委員会書記）の順番で発言があり，計21名が発言した．第1副首相 S. ロブサンが，宣戦布告書をよみあげ，会議参加者が挙手によって承認した．承認の時刻は深夜の1時40分であった．

　この特別会議に当時チョイバルサンにつぐ地位を有したモンゴル人民革命党中央委員会書記長 Yü. ツェデンバル（1916-1991）は出席していない．実は会議の時点で，軍政治部長で，中将の階級も有したツェデンバルはソ連・モンゴル軍の一員としてすでに国境をこえていた．ツェデンバル自身の日記によれば，8月5日にメリニコフ少将とともにソ連・モンゴル連合軍の司令部があったバヤンゴルに到着した．モンゴル軍司令官 J. ラグワスレン（1912-1982）のゲルでひえた馬乳酒をのみ，夕方，プリーエフ中将にあい全部隊の状況についての説明をうけている．翌6日のあさ，モンゴル軍の第8騎兵師団のもとをおとずれ，射撃訓練にたちあい，訓練方法の欠陥について注意をあたえている．午後チョイバルサン市にむかい，深夜に到着した．7日には前線政治部をおとずれ，そのご前線司令部のおかれたマタドにむかった．前線指揮官マリノフスキー元帥や軍司令部員テフチェンコ中将らはタムサグに出発したあとだった．8日にチョイバルサン市にもどった．戦闘が9日にはじまることをきいたツェデンバルらは同日（8日）のよるチョイバルサンを出発して国境地域にむかった．第17哨所についたとき，軍部隊はすでに国境をこえてしまっていた．国境警備隊は敵軍の哨所を攻撃し，最初の捕虜を捕獲した．9日のあさ8時，ツェデンバルみずから国境をこえた[8]．

　ツェデンバルの日記から，第1にモンゴル軍はソ連軍とともに8月9日の早朝には戦闘にはいっており，8月10日のモンゴル政府による対日

宣戦布告は形式的,象徴的なものにすぎなかったこと,第2にモンゴルがわはソ連軍の作戦を前日にしらされ,ソ連軍の指示にしたがっていたことがわかる。

このようにしてモンゴル人民軍は第2次世界大戦の最終段階の戦闘に動員され,一部はデムチグドンロブ王の指導する蒙疆政権の首都張家口 (Zhangjiakou) をめざし,一部はのちに日本人モンゴル抑留者大隊の出発地点となる承徳 (Chengde) をへて古北口 (Gubeikou) に達した。1945年には軍への動員が強化され,9月の段階で,モンゴル軍は約42,000名で,ほかに内務省管轄下の国境警備軍が約10,000名いた[9]。これらのうち,第5,6,7,8騎兵師団等の約16,000名がこの作戦にくわわった。ソ連軍とともに連合国がわにくわわり枢軸国(日本)とたたかったモンゴルは,主権国家としての行動をとる機会にめぐまれただけでなく,戦利品(捕虜)を獲得する権利をもえた。

4. オラーンバータルの都市建設と日本人の強制動員

うえの8月10日の特別会議にも出席した,のちの科学アカデミー総裁B. シレンデブ (1912-2001) は,1995年の『朝日新聞』のインタビューのさい,「我々には労働力が不足していた。だから労働力を送ってほしいという要望をソ連にだした。ソ連もそのことについては積極的だった」とのべている[10]。

モンゴル抑留の特徴は,第1に,国境紛争的性格をもつハルハ河戦争をのぞけば,モンゴルは日本軍による直接的な長期の侵略をうけていないにもかかわらず,日本人に2年間強制労働をさせたことである。すなわちソ連が200万人以上のドイツ人捕虜に強制労働をさせたのはドイツ軍からこうむった甚大な人的物的損害を補てんさせるという名分があったが,モンゴルと日本の関係においては,同様な主張をしうる根拠がまったくないとはいえないものの,かなり薄弱であった。特徴の第2は,地方

都市や鉄道の建設ではなく，一国の首都の建設を日本人抑留者がになったことである。ソ連に抑留された日本人がモスクワの都市建設には動員されなかった事実と比較してみれば，このことがよく理解されるであろう。モンゴルの1945年当時の人口は統計にでてこないので不明だが，日本人がオラーンバータルに到着する1年まえの1944年10月の人口は759,100人とされている。このうち労働年齢人口は不明だが，かりに50万と計算しても，約12,300名の日本人抑留者の労働の利用が特別な意味をもっていたことが，よく理解されよう。うえでものべたように，粛清によって2万人を処刑したモンゴルは，うしなった労働力をべつな方法でおぎなう必要があったのである。

　チョイバルサンのもとで第1副首相や党中央委員会書記，さらに党学校長をも兼務したCh. スレンジャブ（1914-1998）は，1994年11月のインタビューで「1946年はじめ，中華民国がモンゴルを正式に承認したので，わたしはモンゴル代表として中国をおとずれ蒋介石にあった。チョイバルサンは，ソ連と中国がモンゴルを正式に承認したのだから，オラーンバータル市を整備したほうがよいといった」「オラーンバータルを整備する計画はそのまえからあった」とかたっている[11]。

　Ch. スレンジャブがのべたオラーンバータル整備計画とは，たとえば1945年1月16日の閣僚会議・党中央委員会合同会議の決議「1945年の建設作業を建設局や他の機関に分担させることについて」（**資料1**）[12]をさしているとおもわれる。同決議にはオラーンバータル市内の28か所の建物・施設の建築・改修について，それぞれの工事の経費と担当部署が明記されている。建築・改修すべき建物・施設のリストは担当部署ごとに作成されている。すなわち，内務省建設局（11か所），工業省（13か所），肉コンビナート建設隊（2か所），オラーンバータル市（2か所）。内務省が建設のしごとを担当していたのは，同省管轄の収容所に収容されている囚人（政治犯）を動員することが可能だったこととも関係があると推定される。内務省が建設する予定の建物のなかには「国立大学第2期工事の建物」

資料1

閣僚会議・党中央委員会合同会議決議「1945年の建設作業を建設局や他の機関に分担させることについて」(1945年1月16日，モンゴル国立中央文書館，273-1-12)。

「科学委員会図書館（国立図書館）」など，のちに日本人抑留者が建設に従事させられる代表的な建物のなまえもみられる。工業省に建設作業がわりあてられた建物のなかには，党学校の建物がはいっているが，これも日本人がたてた建物としてしばしばかたられる。また肉コンビナートの建設もすでに計画されていた。このように，1945年の最初の段階でかなりの程度，オラーンバータル整備計画がつくられていた。しかし実際には，これらの計画は戦争のために，そのままでは実行されなかったとおもわれる。モンゴル軍はうえでのべたように，1945年8月から内モンゴル方面に進軍し，対日戦に参加したので，予定していた予算のおおくを戦費についやし，予定どおりにオラーンバータルの都市建設をすすめる余裕はなかったはずだ。当然のことながら，整備計画をねりなおす必要が生じた[13]。

これまで説明してきたことからも理解されるように，モンゴルの完全独立の是非を問う国民投票とおなじ時期に到着した日本人抑留者（モンゴルからみれば戦利品＝捕虜）は，モンゴルの戦後の国家建設のために絶対的に必要な労働力であった。

　日本人抑留者がオラーンバータルの都市建設で中心的な役割をはたしたことは，つぎのような，当時の党・政府機関紙『ウネン』の記事の表現からも確認できる。「捕虜管理庁とその下部機関の活動をただちに改善し，これらの組織のもつ本来の能力を完全にひきだせれば，建設作業を促進させることができるにちがいない」（1946年4月11日）[14]。「捕虜管理庁には，これらの業務の遂行が任務として課されているので，作業の徹底的な改善がもとめられる」（1946年8月27日）[15]。1946年が，革命25周年という記念の年になっていたことも，首都の整備重視の政策に一定の影響をあたえたと推定される。ここで注意すべきは，捕虜管理庁が基本的に日本人抑留者の管理のために機能していたにもかかわらず，『ウネン』紙が"日本人捕虜"ということばをつかっていないことである。

　このような有用な労働力をモンゴルがたやすくてばなしたくはないとかんがえたのは，当然であった。ソ連に抑留されていた日本人の帰還は1946年12月からはじまったので，モンゴルに抑留されていた日本人を帰還させるための準備もその直後にはじまったと推測される。当時内務省の矯正収容所・監獄指導局長兼党委員会書記でのちに工業相になったT. バボードルジ（Tasrangiin Bavuudorj）はつぎのように回想している。「地方の収容所にいた日本人捕虜は国営農場で農業のしごとをしていた。1946年すえ，1947年はじめに，地方の日本人をオラーンバータルにうつす命令が上部からきた。これはかれらを帰還させるにあたり，ソ連にあつめる必要があったためである」[16]。

　実際には，よくしられているように，モスクワを訪問したツェデンバルがソ連政府に要請し[17]，日本人抑留者に1947年秋まで強制労働をつづけさせた。

資料2

「チョイバルサン元帥, 首都の建築物を視察」(『ウネン』紙, 1947年5月28日第1面)。

1947年5月28日づけの『ウネン』紙には，チョイバルサン首相によるオラーンバータル市内の代表的な建設現場の視察についての記事（**資料2**）が掲載されている[18]。すなわち，5月24日，チョイバルサン，党中央委員会書記長ツェデンバル，書記のスレンジャブ，ダンバ，ヤンジマー，副首相のロブサン，ラムジャブらが建設中の外務省，国立図書館，映画館，ホテル，政府庁舎，オペラ劇場，国立大学，市庁，中央委員会住宅などをまわったときの様子が記録されている。これらはいずれも日本人がその建設に相当の貢献をした代表的な建物だが，『ウネン』紙の記者は，それぞれの建物の工事の責任者（モンゴル人）のなまえをあげ，奮闘ぶりをたたえるのみで，捕虜についての言及は一切ない。『ウネン』紙のこの号には，日本人戦犯が極東国際軍事裁判で裁かれていることについての記事も掲載されているので，捕虜の労働についての記述がないことが，よけい不自然に感じられる。

　捕虜管理庁の作成した捕虜収容規則の第4章「捕虜の義務と権利」の第24条は「労働に従事させられている捕虜に対しては，同様の部門で勤務するモンゴル国民に当該の職場で適用されている，労働保護，労働時間に関する規則が準用される」とうたっているが[19]，現実には，日本人の労働力を可能なかぎり利用するために，長時間の労働が課せられた事例がすくなくない[20]。

　日本人が抑留されていた期間に首都オラーンバータルの建設事業の基本的な部分が着手され，そのことは，1948年からはじまったモンゴルの第1次5か年計画を準備したといってもよいであろう。

5．おわりに

　小論を整理すると，日本が満洲国をつくらなければ，ソ連が関与したモンゴルにおける大粛清はおこなわれず，当時のモンゴルのエリート2万人が"日本のスパイ""反革命組織のメンバー"としていのちをおとすこ

とは，たぶんなかったであろうし，2万人のモンゴル人労働者の補てんのための日本人の強制動員もおきなかったとかんがえられる。日本の大陸政策による満洲国建国，内モンゴル西部での蒙疆政権擁立は，一方ではモンゴルにおける大粛清の遠因になったが，他方ではヤルタ会談によるモンゴルの現状維持承認，モンゴルの連合国がわへの参加の要因にもなり，結果的にはモンゴルの独立と国家建設を間接的に支援したことにもなる。日本人のモンゴル抑留，すなわち日本人の強制動員はこのようなコンテクストのなかでとらえなおす必要があろう。

註

1　逮捕者リストは以下参照。Rinchin, M. (ed.), *Uls töriin talaar khelmegdegsdiin dursgal Tsagaan Nom*, Vol. 1, Ulaanbaatar, 1993, t.130-136（M. リンチン編『政治的粛清犠牲者のための白書』第1巻，オラーンバータル，1993年，pp.130-136）.

2　Ölziibaatar, D., *Yaagaad 1937 on?...*, Ulaanbaatar: Ündesnii Arkhiviin Gazar, 2004, t.294（D. ウルズィーバータル『なぜ1937年か？』オラーンバータル：国立文書局，2004年，p.294）.

3　Mongol Ulsiin Statistikiin Gazar, *Mongol ulsiin khün am*, Ulaanbaatar, 1994, t.20（モンゴル国立統計局『モンゴルの人口』，オラーンバータル，1994, p.20）．以下の人口統計はすべて，この資料集による。

4　Ölziibaatar, D.（D. ウルズィーバータル，前掲『なぜ1937年か？』，p.294）.

5　Ganbold, S., "Khalkhiin goliin dain, MAKhTs-iin khün khüchnii khokhirol," *Khalkhiin goliin dain: Tüükhen ünenii ereld*, Ulaanbaatar: BKhYa-nii Erdem shinjilgeenii khüreelen, 1995, t.107（S. ガンボルド「ハルハ河戦争とモンゴル人民革命軍の損耗」『ハルハ河戦争――その歴史的真実の探求』オラーンバータル：国防省学術研究所，1995年，p.107）.

6　Ledovskij, A.M. et al. (eds.), *Sovetsko-Kitajskie otnosheniia*, Vol. IV/2, Moskva, 2000, ss.73-74（A.M. レドフスキー他編『ソ連・中国関係』第4巻第2冊，モスクワ，2000年，pp. 73-74）.

7　モンゴル語原文は，Man-u Mongγol-un arad tümen-ü aq-a degüü, töröl sadun bolqu Öbör Mongγol, Barγu Mongγol-i Yapon-u samurai fasist-ud bol öberün γar-un dotor-a tuyilun yeke-ber darulan talkidču bayin-a. Edüge eyin kü talkidaγulun ǰoboǰu bui mongγolčud bol, tuyilun kündü γasiγun ǰobolang-i edelǰü bayin-a (*Ündesnii Töv Arkhiv* [モンゴル国立中央文書館]，11-1-899, pp. 5-6).

8 Sumiya, B. (ed.), *Gerel süüder: Yü. Tsedenbaliin khuviin temdeglelees*, Ulaanbaatar, 1992, t.81-82（B. ソミヤー編『光と影：Yü. ツェデンバルの備忘録から』オラーンバータル，1992 年，pp.81-82). なおこの部分は日本語訳もある。Yu. ツェデンバル著，三矢緑訳「対日戦前後——ツェデンバルのノートより」(『日本とモンゴル』88 号，1994，pp.86-87)。

9 Gombosüren, E. D., *Tüüver zokhiol*, II, Ulaanbaatar: Altan üseg, 2005, t.256（E. D. ゴンボスレン『選集』第 2 巻，オラーンバータル：アルタン・ウセグ，2005 年，p.256).

10 『朝日新聞』(1995 年 6 月 19 日，朝刊)。

11 筆者や喜田尚氏（朝日新聞社），川村光郎氏（ビブリオ）に対する Ch. スレンジャブの談話，1994 年 11 月 2 日，モンゴル歴史中央文書館 204 号室。

12 *Ündesnii Töv Arkhiv*（モンゴル国立中央文書館），273-1-12, p.1. この決議はモンゴル語では *1945 on-u barily-a-yin aǰil-i barily-a-yin ba aǰu aqui-yin γaǰarud-un dumda qubiyarilaqu tuqai*.

13 オラーンバータル市の基礎建設に関する，1945 年 10 月 17 日におこなわれたソ連の技術実務顧問の会議については，青木雅浩「日本人のモンゴル抑留に関するモンゴルの公文書史料について」(『近現代東北アジア地域史研究会ニューズレター』25 号，2013 年) 参照。

14 "1946 onii barilgiin aǰliin yavtsiig türgetgiye," *Ünen*(「1946 年の建設のペースをあげよう」『ウネン』紙，1946 年 6 月 11 日，No.85, p.1).

15 "Shine barilguudiin büteen bosgoltiig khurdatgaya," *Ünen*(「あたらしい建物の建設をはやめよう」『ウネン』紙，1946 年 8 月 27 日，No.197, p.1).

16 T. Bavuudorǰ, タイトル不明のモンゴル文マニュスクリプト, p. 85.

17 拙稿参照。二木博史「日本人モンゴル抑留問題の再検討：基本的文書史料の紹介」(ボルジギン・フスレ編『日モ関係の歴史，現状と展望——21 世紀東アジア新秩序の構築にむけて』風響社，2016 年，pp.22-23, 27).

18 "Marshal Choibalsan, niisleliin ikh barilguudaar yavav," *Ünen*(「チョイバルサン元帥，首都の建築物を視察」『ウネン』紙，1947 年 5 月 28 日，No.122, p.1).

19 Instruktsiia, o poriadke soderzhaniia voennoplennykh v lageriakh GUPVI,

Perevod s mongol'skogo, Sov. sekretno, *Ündesnii Töv Arkhiv*（「捕虜管理庁管轄の収容所における捕虜収容規則についての訓令」モンゴル語からの翻訳，極秘，モンゴル国立中央文書館，1-4-68, p.3）.

20 『ドキュメント——日本人のモンゴル抑留：モンゴル歴史中央文書館所蔵資料による』（朝日新聞社，1995年, p.26）。

参考文献

(モンゴル語・ロシア語)

Ündesnii Töv Arkhiv (モンゴル国立中央文書館), 1-4-68.

Ündesnii Töv Arkhiv (モンゴル国立中央文書館), 11-1-899.

Ündesnii Töv Arkhiv (モンゴル国立中央文書館), 273-1-12.

Ganbold, S., "Khalkhiin goliin dain, MAKhTs-iin khün khüchnii khokhirol," *Khalkhiin goliin dain: Tüükhen ünenii ereld*, Ulaanbaatar: BKhYa-nii Erdem shinjilgeenii khüreelen, 1995（S. ガンボルド「ハルハ河戦争とモンゴル人民革命軍の損耗」『ハルハ河戦争——その歴史的真実の探求』オラーンバータル：国防省学術研究所, 1995年）.

Gombosüren, E. D., *Tüüver zokhiol*, II, Ulaanbaatar: Altan üseg, 2005（E. D. ゴンボスレン『選集』第2巻, オラーンバータル：アルタン・ウセグ, 2005年）.

Ledovskij, A.M. et al. (eds.), *Sovetsko-Kitajskie otnosheniia*, Vol. IV/2, Moskva, 2000（A.M. レドフスキー他編『ソ連・中国関係』第4巻第2冊, モスクワ, 2000年）.

Mongol Ulsiin Statistikiin Gazar, *Mongol ulsiin khün am*, Ulaanbaatar, 1994（モンゴル国立統計局『モンゴルの人口』, オラーンバータル, 1994年）.

Ölziibaatar, D., *Yaagaad 1937 on?...*, Ulaanbaatar: Ündesnii Arkhiviin Gazar, 2004（D. ウルズィーバータル『なぜ1937年か？』オラーンバータル：国立文書局, 2004年）.

Rinchin, M. (ed.), *Uls töriin talaar khelmegdegsdiin dursgal Tsagaan Nom*, Vol. 1, Ulaanbaatar, 1993（M. リンチン編『政治的粛清犠牲者のための白書』第1巻, オラーンバータル, 1993年）.

Sumiya, B. (ed.), *Gerel süüder: Yü. Tsedenbaliin khuviin temdeglelees*, Ulaanbaatar, 1992（B. ソミヤー編『光と影：Yü. ツェデンバルの備忘録から』オラーンバータル, 1992年）.

Ünen (『ウネン』紙, 1946年6月11日, No.85).

Ünen（『ウネン』紙，1946 年 8 月 27 日，No.197）.
Ünen（『ウネン』紙，1947 年 5 月 28 日，No.122）.

（日本語）
青木雅浩「日本人のモンゴル抑留に関するモンゴルの公文書史料について」（『近現代東北アジア地域史研究会ニューズレター』25 号，2013 年）.
『朝日新聞』（1995 年 6 月 19 日，朝刊）.
Yu. ツェデンバル著，三矢緑訳「対日戦前後──ツェデンバルのノートより」（『日本とモンゴル』88 号，1994 年）.
『ドキュメント──日本人のモンゴル抑留：モンゴル歴史中央文書館所蔵資料による』（朝日新聞社，1995 年）.
二木博史「日本人モンゴル抑留問題の再検討：基本的文書史料の紹介」（ボルジギン・フスレ編『日モ関係の歴史，現状と展望──21 世紀東アジア新秩序の構築にむけて』風響社，2016 年）.

第 4 章

モンゴルにおける日本人捕虜
ソ連抑留より短期間だが，苛酷だった？

富田武（Takeshi Tomita）

1. はじめに

　モンゴル国で公文書が公開されてから，モンゴル人民共和国における日本人捕虜に関する公文書に基づく論文や書籍が，モンゴルでも日本でも刊行された。「シベリア抑留研究会」は 2012 年に故ダシダワー教授を招き，報告を聴いた。彼は当時著作を準備していて，それは 2013 年にウランバートルで刊行された。1995 年モンゴル国立中央文書館の公文書の写しが教授（当時はモンゴル国立公文書館長）を介して『朝日新聞』に引き渡されたが，最近青木雅浩博士が努力され，これを勤務先の東京外国語大学に移管された。

　日本人捕虜のソ連抑留を専門とする筆者はここで，上記公文書のロシア語翻訳部分と若干の日本人捕虜及び抑留者（民間人）の回想記を用いて，両国の日本人捕虜の比較を試みるものである。なお，青木博士は同公文書，とりあえずウランバートル市建設問題に関してモンゴル閣僚会議に呼ばれたソ連人顧問の協議（1945 年 10 月）に関する公文書を紹介し，協議の性格を論じている[1]。

2. モンゴル政府の日本人抑留方針

　モンゴルは，ソ連の同盟国として8月9日の対日参戦に加わり，その代償として日本人捕虜と戦利品を受け取った。1945年9月5日付労農赤軍参謀総長によるザバイカル方面軍司令官に対する指示がそれを示している。モンゴル人民共和国における労働使役のために1万人の捕虜を引き渡すという指示だが[2]，モンゴル側は，これに先だって2万人を要望したというのが故ダシダワー博士の見解である[3]。

　フスレ博士によれば，モンゴル閣僚会議は8月31日に，この日本人捕虜受け入れ，労働使役の任務を内務省に委任し，10月2日には捕虜業務管理総局（ГУПВ）設置を決定した。同4日には閣僚会議・人民革命党中央委員会合同会議が規程「捕虜の収容について」を採択した。12日の閣僚会議はГУПВ長官にソソルバラム少将を任命し，捕虜管理については「ソ連の規則を業務の拠り所とする」旨を決定した[4]。

　ГУПВИ局長訓令（1945年の月日不明だが，抑留者を考慮して改称）として出された「ГУПВИ収容所における捕虜給養方法」は，ソ連の1939年9月23日付「捕虜収容所規程」と1941年7月1日付「捕虜規程」（1931年3月19日のそれの改訂），1945年9月29日付内務人民委員部「捕虜の労働使役に関する訓令」を合体したようなものである[5]。「総則」「捕虜の受入れ」「捕虜給養方法」「捕虜の義務と権利」「懲罰措置」「捕虜の訴願と申請」「捕虜の死亡及び埋葬，遺品返還の親族への通知方法」の7章，合計60条からなっている。

　この訓令のソ連の諸規程との違いは，次の諸点にある。

　1) 捕虜の定義がない。総じて，ジュネーヴ条約など国際的な法規には関心が薄い。

　2) 給養方法のうち，ソ連の規程では周辺住民との遮断，脱走できないレジーム（仕組み）と並ぶ要素＝煽動宣伝工作及び大衆文化活動が除外されている。モンゴル当局は捕虜の労働使役に関心を集中していて，政治教

育はやるつもりがなかったと解される。

　3) 捕虜の労働使役は，ソ連の規程では兵卒，下士官は「労働に引き入れることができる」とされたが (将校は同意が条件)，訓令になると彼らの労働は「義務的」だとされている。モンゴル訓令では兵卒，下士官は「収容所長の指示に基づき労働しなければならない」となっている。

　4) ソ連の規程には労働に対する賃金支払いが（ただし，給養費の負担義務ともども）明記されたが，モンゴルの訓令にはそれが欠如している。

　5) 捕虜の訴願・申請の項はソ連の規程にはないが，総じてモンゴルの訓令には捕虜に対する義務及び禁止事項が多く，細かく規定されている[6]。

　これらの特徴は，訓令実施過程にも顕著に現れた。

　1) 民間人抑留者を捕虜と同様に扱ったことはソ連でも，モンゴルでも同じである。内海忠の回想によれば，食肉コンビナートの建設に民間人（承徳等の居留民），満州国の行政官や警察官を従事させようとする収容所当局に対し，就業拒否を行ったが，一日一食という「兵糧攻め」を受け，手に職を持つ者から脱落して，1ヵ月後に全員が就労する結果に終わった[7]。

　2) の政治教育の不在について，ダシダワー博士は，モンゴルには日本語通訳もいなければ，政治教育用の新聞や教材，映写機などがなかったからだと説明していた[8]。山宮正敬の日記には，1946年4月29日に『日本新聞』を初めて見たとあるが，その後同紙や政治教育についての言及はいっさいない[9]。桜田虎男は，1946年7月に警官とも士官ともつかぬ東洋系の人物に，たどたどしい日本語で「社会主義をどう思うか」「天皇をどう思うか」など2時間ほど尋ねられ，「帰国したならば，社会主義の運動に加わりなさい」と言われたことを回想しているが[10]，このような例も稀である。

　3) の兵卒，下士官に対して労働が強制された点では，ソ連もモンゴルも同じである。山宮は，日本では食糧不足で餓死者が出ているので，好意で預かり，食べさせてやっているのだとか，ノモンハン事件でわが国に与えた損害の賠償として労働させているのだとかいう収容所幹部の常套句を

日記に残している[11]。

4)の賃金については，支払いを受けたという回想が稀である。春日行雄は，スフバートル収容所では食糧の配給も順調な上に月給も出て「別天地だった」と記している。大隊長75円，中隊長50円，小隊長25円，運転手・木工・左官・板金工・電工・バター工は100〜160円だったという（技能職が厚遇される）[12]，もっとも，1947年末の通貨改革までのソ連も，賃金を支払う建前を実行できる状況ではなかった。

日本人のモンゴル抑留をソ連抑留と比較する場合，ソ連が大量の捕虜を抑留する経験を積んでいたのに対し，モンゴルは初めての経験だったことに留意すべきである（ノモンハン戦争の捕虜は少数）。

ソ連は，すでに独ソ戦争の最中から180万人ものドイツ及び同盟国軍捕虜を労働に使役しており，捕虜の給養や管理に関する経験を積み，規則や管理システム（内務人民委員部捕虜・抑留者業務管理局 УПВИ，ついで捕虜・抑留者業務管理総局 ГУПВИ）も整備していた。日本軍捕虜50万人をソ連領内に移送する8月23日付国家防衛委員会決定が，移送先の地域や産業部門・プロジェクトまで指定したのも，その経験に基づいている。それでも，収容所の建設が間に合わず（捕虜自身に建設させた），食糧や衣服は戦利品でカバーし，医療スタッフと医薬品・医療器具は極端に不足していた。

そのソ連より経済的・技術的に遅れたモンゴルにとって，捕虜の労働使役は容易なことではなかった。モンゴル人自身が，工場における労働組織＝作業班や，いかにしてノルマを達成し生産性を向上させるかの課題に習熟していなかったからである[13]。

3．収容所生活の実情：公文書と回想記から

まず捕虜の居住する収容所だが，モンゴル当局は約12000人もの日本軍捕虜を引き取ることになって建設に乗り出したと言ってよく，ウランバートルの第一収容所は，都心のラマ教寺院を改装したものである。山宮

表1　ウランバートルの捕虜収容所・病院（数字は収容人員）

名称	ダシダワー	春日行雄	捕虜労働	死亡	埋葬
アムガラン（中央）	1637（46年1月）	900 ← 当初600	製鉄、レンガ	80	
第一	712（46年10月）	1700 ← 1000	建築	6	
第五工場	1409（46年4月）	1500 ← 1000	建築	10	
ツァガンホアラン	927（46年10月）	1000	建築	5	
プロムコンビナート	703（46年初）	100 ← 600	毛織物、採石	35	
ガンダン	521（47年初）	300 ← 900	レンガ、建築		
ホジルボラン	470（46年4月）	150 ← 600	レンガ	19	
セルベ	222（46年7月）	450 ← 150	レンガ		
トルゴイト	103（46年7月）	400 ← 180	レンガ	1	
（以下略）					
アムラルト（ダンバドルジ）病院		1000 ← 200		635	835
ホジルボラン病院		210		350	252
（地方）					
ナライハ	206（45年11月）	207 ← 310	採炭	3	
スフバートル収容所		250 ← 600	獣毛、乳製品	31	
スフバートル病院		40 ← 90		146	198

出典：チョローン・ダシダワー「モンゴルにおける日本の抑留者」（「シベリア抑留研究会」例会，2012年4月14日）。春日行雄『ウランバートルの灯みつめて50年』（モンゴル会，1988年）。

によれば，1階から4階まで床を張った（中央だけ5階）ものにすぎず，各階の高さは人が座れる程度，一人当たりのスペースは（800人を収容したため）肩幅くらいしかなく，横向きでなければ寝られない窮屈さだった。他の収容所も大同小異で，工場の敷地にバラックを付設する（表1で，工場名がそのまま収容所名になっている所）など，にわか作りだった。防寒対策はないに等しかった[14]。

給食基準はソ連のそれをそのまま導入したものだが（表2），12月初めにГУПВИ衛生部長は同ソ連人顧問に対し，この基準では栄養価は2000カロリーにしかならず，病人用の基準4000カロリーに改めるよう要望した。さもなければ，健康な捕虜は衰弱し，衰弱した捕虜は死亡すると警告している[15]。

12月末にはГУПВИ局長ソソルバラムがチョイバルサン首相，ツェデンバル党書記らに，捕虜用の食糧2週間分をウランバートルに備蓄する

表2　日本軍捕虜の給食基準（1人1日グラム）

食品	下士兵卒	特別病院入院患者	将校
黒パン（96％挽き）	300	200	300
米	300	400	300
碾き割り／粉	100	100	100
味噌	30	30	50
肉	50	50	75
魚	100	100	80
動物性油脂		10	20
植物性油脂	10		5
バター			
チーズ			
砂糖	15	20	30
茶	3	3	3
塩	15	15	20
塩漬または生鮮野菜	600	500	600
乾燥果実			10
新鮮牛乳		200	
洗濯石鹸（月）	300	300	300
タバコ		葉10	巻き15箱
マッチ（箱／月）		3	3

出典：MYTA（モンゴル国立中央文書館），Ф.1, Д.4, ХН.70, X.2-2a. М.М. Загорулько (под ред.), *Военнопленные в СССР 1939-1956. Документы и материалы*, Москва, 2000, cc. 390-393（М. М. ザゴルリコ他編『ソ連における捕虜1939～56年　文書と資料』，モスクワ，2000年, pp. 390-393）．

という初旬の閣議決定にもかかわらず，捕虜への給食が品目によっては中断していると訴えた。ソ連側鉄道の終点ナウシキに貯蔵されている戦利品食糧が，倉庫所長及び職員によって窃取されている事実も明らかになった。鉄道はナウシキまでしか敷設されていなかったので，ウランバートルまでトラックで輸送しなければならず，そのトラックも不足しがちだった[16]。

　給食が基準どおりになされない事情は，捕虜も察していたようである。「何万人かの日本兵の食糧確保は，大変なことだと推測された。何しろ輸送経路は長いし，シベリヤ鉄道の終点よりウランバートルへの輸送は凹凸の激しい悪路を自動車で運ばなければならなかったからで，その上，冬の酷寒の頃になると輸送が途絶えがちとなるのである。その皺寄せが，直ぐに，欠食となったり，減食となったり，籾殻付きのお粥となったりして，

我々の生活を苦しくしたり、寂しくしたりしたのであった」[17]。

労働時間は、ソ連では収容所でも8時間労働日を建前としながら、現場ではノルマ達成のために労働時間が10時間を上回ることが少なくなかった（ノルマは本来、単位時間当りの基準作業量なのに、1日の基準作業量とされ、達成まで働かされた）。モンゴルでは（やはり8時間労働を建前としながら）、ウランバートル第一収容所では、表3が示すように12時間労働だった（1946年6月時点）午前午後各1回10分の休憩を引いても11時間40分であり、8月末には休憩が各5分に短縮された[18]。

表3　第一収容所の日課

行動	時刻
起床	4:30
朝食	5:30
点呼整列	6:00
作業開始	7:00
休憩	10:00–10：10
昼食	13:00
作業再開	14:00
休憩	15：00–15:10
作業終了	20:00
＊実働11時間40分	

出典：山宮正敬『虜囚日記　外蒙ウランバートルに捕虜収容所の凄惨な生活体験記録』（博英出版、1986年、p.161)。

1946年6月15日のチョイバルサンへの長文の報告書は、収容所の実態をある程度まで伝えている。12～13日の点検の結果、労働に関しては以下のことが判明した。

①第五工場：6月12日にバラックに捕虜144人が残ったが、病人と所内作業者を除く50人は何の仕事もしていない。同じ日、パンが計らずに切り分けられた塊が並んでいた（250～300グラム）。

②プロムコンビナート：捕虜8人が水を四輪荷馬車で200メートルも運搬している。6人の捕虜が毎日所内作業をする振りをして働いていない。

③ホジルボラン：捕虜6人が石炭を四輪荷馬車で200メートルも運搬している。6月12日107人が、生煮えのものを食べて腹をこわしたという理由で仕事をしなかった。5月に食品150キロを土中に埋めておいたら、魚41キロを腐らせてしまった（1ヵ月前に渡した結果）。

④ナライハ：捕虜180人が3日間、降雨を理由に炭鉱で働かなかった。

第4章　モンゴルにおける日本人捕虜

うち80人を洗毛職場に連れて行ったが，働かずに帰ってしまった。

　報告が強調しているのは，労働力の配置が不適切で，十分に活用されていないこと，ノルマ給食（超過達成者に増配，未達成者に減配）がきちんと実施されていないこと，労働力を小さな仕事にではなく，国家的な土木建設事業に振り向けるべきであること，である。給食の栄養価が本来3281カロリーであるべきところ，わずか2112カロリーでしかなく，生命維持すらできないので，油と米を増やすべきことも，さりげなく言及された。

　次に論じられたのは，捕虜の保健衛生である。病院には燃料及び食糧供給の中断があり，滅菌室やシャワーが定期的には働いていない。この結果，病人は虱だらけになっている。衛生状態に対する監督と点検がなされておらず，軽症者と重症者の区別もされていない。しかも，日本人軍医は入院患者が労働に出られないように診断している。

　以上の労働及び衛生における欠陥のゆえに，収容所長及び作業場（露語でточка）長，ГУПВИ指導者が批判される。ГУПВИ副局長のサンブーの業務には，全収容所に対する食糧，住居，水，燃料の供給が入るが，輸送手段を確保していないため，これらを供給できていない。建設局には，物資の現地調達と経済機関による捕虜労働への支払い，合計約200万トゥグルクが支出されず，レンガ，石灰，木材加工生産が財政難に陥っている，等々。ГУПВИの全装置が，上から下まで責任を取っていないとまで批判されたのである。

　今後の方策として，①日本人捕虜を，不要な将校従卒や所内業務から解放し，例外なく建設業務に振り向けること，②ГУПВИ部課の活動を確定，指示し，業務に責任を持たせること，③作業ノルマ達成者に対する食糧増配の手続を改善すること，④日本人労働力の完全な使役のために労働日を12時間に延長し，休日を出勤日に変えること，（⑤〜⑧略），⑨保健省は日本人医師の業務をたえず監督し，病気を口実とする怠業と断乎として闘うこと，⑩日本人が小さな部署に分散している現状を改め，作業場の数を減らして建設プロジェクトに統合し，捕虜労働力を完全に利用できるように

すること，を提起した．

　この報告の提起者は記されていないが，⑥〜⑧がソソルバラムまたはГУПВИへの委任事項であり，末尾に報告は重要な方策として閣僚会議決定もしくは首相命令として降ろされるべきだとあるところから，ソ連人顧問である（さすがにアブラーモフと記すのは避けた）と推定される[19]。

　この報告は，この種の文書にありがちなように，現場の欠陥を誇張し，中間指導機関の無能と無責任を批判するもので，案の定6月20日，ГУПВИ副局長のサンブーは閣僚会議副議長に辞表を提出した．指導者が，私が国家的建設事業を故意に遅らせているかの如く言って，私をもはや信頼していない以上，副長官の仕事は続けられないというのである（ソ連人顧問との個人的諍いも示唆している）[20]。

　そこには6月10日の労働時間延長＝「12時間労働日」というГУПВИ（ソソルバラム）の決定に対する批判も込められていたかもしれないが，モンゴル語文書が読めないし，秘匿された可能性も高いので，断定は避ける．しかし，ソ連でさえ8時間労働日の建前は維持したのに，それを否定してまで12時間に延長するには抵抗があったに相違ない．変更の背景として，1946年2月に米英中ソ四カ国による対日理事会が始まり，日本人捕虜・抑留者の送還が米ソ間で議論されるであろうことをソ連政府から示唆されたモンゴル政府が，経済建設，とくに首都の建設・整備を急いだという事情が考えられるが，これもモンゴル語公文書待ちである．

　さて，労働の実情を語る山宮の回想を，少し長くなるが，見てみよう．
　「土木建築の基礎的な仕事は，穴掘り，土運び，石運び，レンガ運搬，石積み，レンガ積み，モルタル運搬と，何れを選んでも重労働ばかりで，強い体力を必要とした．ところが，栄養失調となっていた当時の日本兵にとっては，過重な仕事で，外蒙側の要求するノルマの半分でも，その達成の困難さを感じていた」．
　8時に始業のサイレンを聴くと「ああ，また苦役の地獄に行くのかと，

誰もが一斉に溜め息を吐き，唸り声を挙げた」。17時に終了のサイレンを聴くと「穢い粗末な収容所であったが，楽園行きを告げる安らぎを感じ，安堵と喜悦に歓声を挙げたのであった」。

　起床，朝食，点呼（ソ連と同じく，監視兵が人数を数えられず長時間かかる）ののち，行進して現場に向かう。現場に到着して，作業開始と同時に各自分担された部署に就いて，仕事に取りかかる。「ところが，兵隊の中には，怠け者や無責任な者がいて，仕事を放棄して，タバコやパンを通行人にねだりに行ったり，何の目的もなくフラフラと歩き回ったりして，仕事をしない者がいた。…」

「そんな不心得者のために，飯も食わずに残業させられてしまう。その残業も三十分や一時間ならばやむを得ないが，二時間，三時間，甚だしいときは夜の十一時迄も休みなしで働かされてしまう。酷寒三十度を超える冬の夜などは，飢えと寒さに堪えることだけで，やっとであったから，仕事など手につかなかった。全く無意味な時間延長であった」[21]。

「日本人は，根が極めて勤勉で実直な民族であるから，外蒙政府としては大変使い易かったのではなかったろうか。入蒙当初においては，輸送中の疲労や病気や気候の激変などと，捕虜というかつて経験したことのない民族的な屈辱と衝撃に精神は攪乱され，不安と焦燥の状態にあったから，仕事など手に着かなかったが，だんだん落ち着くにつれて，本来の日本人に戻って来たし，外蒙の関係者も，日本人の性格や心理状態を理解して来たことによって，上手に日本兵を利用したようであった」。

「また，一部の将兵は権力に屈従し，権威に迎合して，己の栄達や己の地位を保全しようとして，現場関係の要人に取り入っていたようであった」。

「こうした日本兵の心理を把んで，現場監督の彼らは『ノルマと食糧』の操作を巧みに使い分けして，ノルマを達成すれば増食を以て報い，達成しないときは減食の罰を課して，アメと鞭の使い分けによって作業能率の向上を図っていたのである。多くの日本兵は，この巧みな食糧の増減政策

に操られながら,一喜一憂を繰り返して,捕虜生活を繰り返して来たのであった」[22]。

こうした状況は,1946年9月に閣僚会議のもとで開催されたウランバートル建設サイト責任者・現場監督会議の記録からも窺うことができる。ここで参加者からこもごも指摘されたのはセメント,石材などの資材の不足,運搬手段(トラック)の不足及び部品不足のほか,作業靴や作業服の不足である。作業ノルマの達成率は現場ごとに異なったが,そのための刺激,報賞(給食の増配)が不十分だという意見と,その議論の立て方自体に反対し,懲罰措置を厳しくすべきだ(投獄も含めるべきだ)という意見に分かれた。ある責任者は,捕虜が朝食もとらずに作業に出ていることを指摘しながら,懲罰措置を厳しくすべきだと述べた。別の責任者は,よい将校がいるところは仕事も良好だと述べ,懲罰措置の強化に関心を向けるべきだと述べた(この場合「よい」将校は,下士官,兵卒を働かせてノルマを達成させる将校と解される)。

なお,発言の中に,建設事業に一般労働者や囚人も加わっていることを示すものがあり,囚人の労働規律がきわめて低く,しばしばチョイバルサンの悪口を言っているという指摘が見られる。モンゴルで1930年代にソ連に倣った大規模なパージ,テロルがあったことは知られているが,投獄された政治犯やラマ僧が労働力として使役されたか否か,どの程度の規模だったのかの解明は,今後の課題である[23]。

会議で総括的意見を述べたのが,ソ連人顧問のアブラーモフである。彼は,資材不足を解消し,捕虜労働に対する報賞を強めると述べ,さすがに懲罰措置強化論は「みなを投獄して,国が食わせるのでは何の利益にもならない」と退けた[24]。しかし,先の訓令で捕虜労働は「義務」「無償」と理解した現場の指導者が,計画達成を強いられるとノルマ強制,未達成者に対する懲罰に頼りがちになることも見やすい道理である。

こうした中で日本人捕虜・抑留者は体力も気力も衰えていったが,ソ連では1945～46年冬に死者が集中し,食物の奪い合いや死者からの衣服

剥ぎ取りなど「餓鬼道への転落」現象が見られたのと，モンゴルはやや異なるように思われる。1946年6月の労働時間延長以降に仕事の辛さが倍加し，食糧事情の悪化も断続的に起こり続けたからである。

　山宮の日記では，同年12月12日に，第一収容所では兵隊たちの精神的荒廃が進み，上官への反抗も増し，将兵間の反目も強まったとある[25]。アムガラン収容所では「12月12名，1月15名，2月さらに15名の死者。平均1500カロリー，すなわち6～8歳児の熱量を与えて，8キロを歩かせ，しかも重労働につかせている。従って作業休による就床より死亡までは大部分1週間以内である」と，春日が記録している[26]。山宮は1947年3月20日に，人間の本性は死の境で分かるとしてこう記した。「エリート族だった者が顔も洗わず，垢だらけ，コソ泥の如く何かを漁って歩き，物乞いをする」一方，「学歴は大してない者でも賤しいことはしない。身なりは清潔にし，行動は厳正に，集団の秩序は固く守って己を律している」[27]。

4．階級制度の温存と「吉村隊」事件

　モンゴルでも旧軍隊の編制は維持されたが，ソ連におけるように反軍闘争で解体された例はむしろ少なく，事情は収容所ごとに異なっていた。多くの収容所と病院を経験した鈴木雅雄の回想によれば，ホジルボラン，ガンダンの収容所では将校が敬礼を強要し，部下に暴力を振るっていた一方，セルベ収容所では兵士が作業ノルマ引き上げを拒否し，協力した上官に制裁を加えた[28]。桜田は，ホジルボラン収容所で1947年1月1日に行われた皇居遥拝と某少佐の訓示を苦々しげに記している[29]。

　何度も引用した山宮は，第一収容所が移動で，残留の弱兵と他の部隊との寄り合い所帯になったときに，二等兵の階級章をもぎり取った。その件で下士官に一度だけ往復ビンタをもらったが，他の戦友も倣い，階級章のない兵隊が増加してきた。「階級章がなくなると，何となく対等の気分が

湧いて来て，自由と平等の精神がだんだんと醸成されて来た」。それでも，1947年2月11日には紀元節，4月29日には天長節，11月3日には明治節の遥拝が行われた[30]。

　このように階級制度が多くの収容所で残り，モンゴル側も建設計画履行，作業遂行に役立つところから利用したために「吉村隊」事件が起こった。日本人将校の一部は，兵卒を強制労働から守ることよりも，自己保身のためか，兵卒による作業ノルマの達成，超過達成に血道を上げた。山宮は1946年12月15日の日記に，ある将校は「怠け者は減食・絶食の計に処する」と公言したと書き残している[31]。

　こうした将校の典型が，偽少尉（元憲兵曹長）吉村（本名池田重善）だった。再び山宮の1946年9月28日の日記によれば，吉村はモンゴル側に「自分を隊長にしてくれれば，ノルマを必ず達成してみせる」と語った。そして，プロムコンビナート，通称羊毛工場の作業大隊長に任命された吉村は，石切作業で兵卒にノルマ達成を強要した。ノルマを達成しなかった者を屋外の木に縛り付け，冬でも夜中じゅう放置し，死に至らしめた。この噂はウランバートルのほとんどの収容所，病院に広まり，日本人捕虜はその様子を「暁に祈る」と表現した（この事件は，他の地域の民主運動にも知られ，新聞にも報道され，池田は帰国後，告訴されて有罪判決を受けた）[32]。

　アムラルト病院で薬剤師の助手を務めていた加倉井文子は，1946年春に吉村と会っていて，吉村の言い分を記している。「蒙古側は日本人の一人一人にまで立ち入って作業を強制する，民族の相違による特殊事情などちょっとも考慮されていない。いつまで続くか判らぬ捕虜生活でこの状態が永く続けば，日本人は自滅してしまうだろう。生きて帰るために日本人は団結しなければならない。そしてその団結の上に立って蒙古側の要求するものを自発的に消化し，彼等の信用を買い，婉曲に個々人に対する干渉を拒否する。これが自分の信念だ。これは強行する，若干の犠牲者が出ることは免れまいが，出来るだけ大多数の日本人が生きて帰るためにはやむを得ない」というのである。

やがて悪評が流れ始めた。「ノルマは私製だ。吉村が勝手に作ったものだ」「吉村は蒙古人と結託して私腹を肥やしている」「ノルマが終わらなければ絶食，吉村の悪口を言ったとて絶食，俺達は奴隷以下だ」「ちょっとした事故でも起せば暁に祈るだ。手を柱にくくられて零下四十度の野外に立たされる。あれこそ本当の人間地獄だ」と[33]。

5．おわりに

1945年10〜11月，日本人捕虜がソ連からモンゴルに12,318人引き渡され，うち1,615人が1947年11月の帰国までに死亡した点については，ほとんどの研究者は今日では一致している。モンゴルにおける死亡率約13％は，ソ連のそれ約10％（日本政府の公式データでは575,000人中55,000人が死亡）より，いくぶん高い。

その理由は，すでに述べたように，1) モンゴル当局の捕虜抑留未経験，2) 1946年6月より労働時間を延長し，計画・ノルマ達成に捕虜を駆り立てたこと，3) 食糧事情の悪さを改善できなかったこと，そして4) 医療衛生業務の低水準である。

ウランバートルで最もよいアムラルト病院でさえ医療器具や医薬品が不足していたと，加倉井文子が回想記に書いている。多くの捕虜が栄養失調症や赤痢に罹った。収容所幹部は，捕虜の患者に対する日本人軍医の診断を信用せず，病人を仮病だと見ることも稀ではなかった[34]。訓令では「捕虜に対する医療サービスは，収容所に付設される医務室の器具用品を用いて行うが，捕虜の中の医療要員の助力も受ける」と決めておきながら，信用しなかったのである。

モンゴルにおける日本人抑留の研究に，ソ連における抑留の知見が生きるのはこのあたりが限界だと思われる。すでにモンゴル公文書を用いて論文を発表してきたオーホノイ・バトサイハン，オイドフ・バトバヤル，ボルジギン・フスレ，青木雅浩といった若手に今後の進化を期待したい。

註

1　青木雅浩「日本人のモンゴル抑留に関するモンゴルの公文書館史料について」（『近現代東北アジア地域史研究会ニューズレター』第25号，2013年）。

2　В.А. Золотарев (под.ред), *Русский архив 18. Великая отечественная. 7(2), Советско-японская война 1945 года*, Москва, 1997. с.180（V. A. ゾロタリョフ他編『ルースキー・アルヒーフ　18　大祖国戦争 7 (2) 1945年のソ日戦争』，モスクワ，1997年，p.180）。

3　チョローン・ダシダワー「モンゴルにおける日本の抑留者」，2012年4月14日「シベリア抑留研究会」例会における報告（邦訳）。

4　ボルジギン・フスレ「日本人のモンゴル抑留についての基礎的研究」（『学苑』第886号［昭和女子大学近代文化研究所］，2014年）。

5　М.М. Загорулько (под ред.), *Военнопленные в СССР 1939-1956. Документы и материалы*, Москва, 2000, сс. 60-64: 139-144: 628-641（M. M. ザゴルリコ他編『ソ連における捕虜 1939〜56年　文書と資料』，モスクワ，2000年，pp.60-64, 139-144, 628-641）。

6　МУТА（モンゴル国立中央文書館），Ф.1, Д.4, ХН.68, X.26-31. モンゴル語公文書の露訳は，二木博史東京外国語大学名誉教授にコピーをいただいた。記して感謝したい。

7　内海忠『赤い英雄の街：ウランバートル虜囚の生地獄　モンゴル抑留記』（私家版，1989年，pp. 74-75）。

8　註3の研究会席上での質問に対する回答。

9　山宮正敬『虜囚日記　外蒙ウランバートルにおける捕虜収容所の凄惨な生活体験記録』（博英出版，1986年，p.134）。

10　桜田虎男『モンゴル抑留記』（生涯学習研究社，1997年，pp.148-151）。

11　山宮正敬，前掲『虜囚日記　外蒙ウランバートルにおける捕虜収容所の凄惨な生活体験記録』（p. 321）。

12　春日行雄『ウランバートルの灯みつめて50年』（モンゴル会，1988年，p. 261）。春日は満洲国陸軍軍医学校を卒業し，捕虜となってからは軍医として各地の収容所，病院を回った。帰国後「日本モンゴル協会」会長を長く務め，墓地保全や慰霊巡拝，広く日蒙友好に努めた。

13　一つのエピソードがある。アムラルト病院で自動車修理のためハンダを請求したところ，物をつぐなら松脂でたくさんだと言って春日さん（行雄，軍医）を困らせたのは，営繕係の蒙古人だったという。加倉井文子『男装の捕虜』（［シベリア抑留叢書］国書刊行会，1982年，p. 172）。

14	山宮正敬, 前掲『虜囚日記　外蒙ウランバートルにおける捕虜収容所の凄惨な生活体験記録』(pp. 325-329)。
15	MYTA（モンゴル国立中央文書館），Ф.1, Д.4, XH.70, X.14.
16	MYTA（モンゴル国立中央文書館），Ф.1, Д.4, XH.70, X.10-11.
17	山宮正敬, 前掲『虜囚日記　外蒙ウランバートルにおける捕虜収容所の凄惨な生活体験記録』(p. 331)。
18	山宮正敬, 前掲『虜囚日記　外蒙ウランバートルにおける捕虜収容所の凄惨な生活体験記録』(p. 189)。
19	MYTA（モンゴル国立中央文書館），Ф.1, Д.4, XH.70, X.23-30a.
20	MYTA（モンゴル国立中央文書館），Ф.1, Д.4, XH.70, X.50-52a.
21	山宮正敬, 前掲『虜囚日記　外蒙ウランバートルにおける捕虜収容所の凄惨な生活体験記録』(pp. 337-339)。
22	山宮正敬, 前掲『虜囚日記　外蒙ウランバートルにおける捕虜収容所の凄惨な生活体験記録』(pp. 322-323)。
23	鯉淵信一「モンゴルの社会主義体制下における政治的粛清とその名誉回復」(『日本とモンゴル』第44巻第2号, 2010年)。銃殺刑が多かったが, 懲役刑の実態には触れていない。
24	MYTA（モンゴル国立中央文書館），Ф.1, Д.4, XH.70, X.93-96.
25	山宮正敬, 前掲『虜囚日記　外蒙ウランバートルにおける捕虜収容所の凄惨な生活体験記録』(pp. 216-217)。
26	春日行雄, 前掲『ウランバートルの灯みつめて50年』(p. 263)。
27	山宮正敬, 前掲『虜囚日記　外蒙ウランバートルにおける捕虜収容所の凄惨な生活体験記録』(pp. 244-245)。
28	鈴木雅雄『春なき二年間』(自由出版社, 1948年)。引揚後半年で書かれた, モンゴル抑留回想記では最も早いものである。
29	桜田虎男, 前掲『モンゴル抑留記』(pp. 187-188)。
30	山宮正敬, 前掲『虜囚日記　外蒙ウランバートルにおける捕虜収容所の凄惨な生活体験記録』(pp. 348-349ほか)。
31	山宮正敬, 前掲『虜囚日記　外蒙ウランバートルにおける捕虜収容所の凄惨な生活体験記録』(pp. 200-201)。
32	山宮正敬, 前掲『虜囚日記　外蒙ウランバートルにおける捕虜収容所の凄惨な生活体験記録』(pp. 362-367)。当時の事件紹介として, 座談会「"吉村隊"の底に流れるもの」『週刊朝日』1949年5月1日。著名知識人の安倍能成や戒能通孝, 帰還した"隊"メンバーも出席している。鈴木光次「ナホトカの

赤い太陽——吉村隊と人民裁判」(『世界評論』1949 年 6 月)。
33　加倉井文子，前掲『男装の捕虜』(pp. 193-202)。
34　加倉井文子，前掲『男装の捕虜』(pp. 157-180)。日本人軍医に対する不信は，先の 6 月の報告に見られたとおりである。YTA（モンゴル国立中央文書館），Ф.1, Д.4, ХН.70, X.27.

参考文献
(ロシア語)
М.М. Загорулько (под ред.), *Военнопленные в СССР 1939-1956. Документы и материалы*, Москва, 2000 (M. M. ザゴルリコ他編『ソ連における捕虜 1939〜56 年　文書と資料』，モスクワ，2000 年)。

В.А. Золотарев (под.ред), *Русский архив 18. Великая отечественная. 7(2), Советско-японская война 1945 года*, Москва, 1997 (V. A. ゾロタリョフ他編『ルースキー・アルヒーフ　18　大祖国戦争 7(2) 1945 年のソ日戦争』，モスクワ，1997 年)。

МYTA（モンゴル国立中央文書館），Ф.1, Д.4, ХН.68, X.26-31。
МYTA（モンゴル国立中央文書館），Ф.1, Д.4, ХН.70, X.10-11; X.14; X.23-30a; X.27; X.50-52a; X.93-96。

(日本語)
青木雅浩「日本人のモンゴル抑留に関するモンゴルの公文書館史料について」(『近現代東北アジア地域史研究会ニューズレター』第 25 号，2013 年)。
内海忠『赤い英雄の街：ウランバートル虜囚の生地獄　モンゴル抑留記』(私家版，1989 年)。
鯉淵信一「モンゴルの社会主義体制下における政治的粛清とその名誉回復」(『日本とモンゴル』第 44 巻第 2 号，2010 年)。
加倉井文子『男装の捕虜』([シベリア抑留叢書]国書刊行会，1982 年)。
春日行雄『ウランバートルの灯みつめて 50 年』(モンゴル会，1988 年)。
桜田虎男『モンゴル抑留記』(生涯学習研究社，1997 年)。
鈴木光次「ナホトカの赤い太陽——吉村隊と人民裁判」(『世界評論』1949 年 6 月)。
鈴木雅雄『春なき二年間』(自由出版社，1948 年)。
チョローン・ダシダワー「モンゴルにおける日本の抑留者」(「シベリア抑留研究会」例会，2012 年 4 月 14 日)。

ボルジギン・フスレ「日本人のモンゴル抑留についての基礎的研究」(『学苑』第886号［昭和女子大学近代文化研究所］，2014年).
山宮正敬『虜囚日記　外蒙ウランバートルにおける捕虜収容所の凄惨な生活体験記録』(博英出版，1986年).
座談会「"吉村隊"の底に流れるもの」『週刊朝日』(1949年5月1日).

第 5 章

日本人抑留者のモンゴルへの移送についての再検討

ボルジギン・フスレ（Husel Borjigin）

1. はじめに

　20世紀前半，日本とモンゴルの間には2度も戦争がおき（1939年のハルハ河・ノモンハン戦争，1945年8月のソ連・モンゴル連合軍の対日戦），第二次世界大戦終結後に1万2千人あまりの日本人がモンゴルに抑留されたという経緯があったにもかかわらず，両国は歴史的対立を乗り越えて，友好関係を築くことができた。これまで，ハルハ河・ノモンハン戦争や日本人のモンゴル抑留について，両国では政府レベルと民間レベルでのさまざまな交流活動や対話，研究がおこなわれ，複数の成果が世にとわれている[1]。抑留の歴史的背景や，抑留者の生活・労働の状況，その送還のプロセスなど，細部にまでわたって検討され，モンゴル抑留の日本人の死亡率がソ連に抑留された日本人の死亡率よりも高い要因については，モンゴル国内にそれほどの規模の抑留者をうけいれる体制がととのっていなかったことなどがすでに指摘され[2]，日本人の抑留の全貌が次第に明らかになってきた。しかし，こうした歴史的できごとをめぐって，両国の研究者ないし国民の認識において，乖離している部分があいかわらず存在していることは否定できない。例えば，モンゴル国では，民間人を含む日本人抑留者が「日本人捕虜」として位置づけられ，かれらの強制労働は日モ友好の基礎になったと強調されている[3]。これに対し，日本の研究者は以下の点において，

ことなる見解をもっている。すなわち，モンゴルによる強制的な外国人の動員（日本人抑留者，内モンゴル人など）が不当なことであることや[4]，モンゴルに抑留された日本人の数，死亡者数について，日本側が主張した数字はモンゴル側の公式的なデータよりすこし多いこと[5]，などである。また，抑留者は降伏，武装解除後に捕えられ，民間人もふくまれているため，捕虜ではないと主張するものがいれば，「抑留」は「捕虜」を不名誉とかんがえる見方に押されて日本政府がつくりあげた概念だと強調するものもいる。さらに，国際法上では捕虜になるが，日本国内的には捕虜ではないと指摘するものもいる[6]。

　日本人がモンゴルに抑留された2年間は，まさに双方が歴史を共有した時代であったといえよう。両国のこのできごとをめぐる認識の差異を克服するには，それぞれがもちいた根拠を対比し，新たな史料にもとづいて検証，議論することがもとめられる。また抑留が日本とモンゴルにとってどのようなものであり，どのような意義があったかについてかんがえる際，両者の立場をともに考察する必要がでてくる。

　小論は，モンゴル国立中央文書館の資料はもとより，これまで利用されていないモンゴル国防中央文書館やモンゴル外務省中央文書館，モンゴル人民党（旧モンゴル人民革命党）中央文書館などの資料にもとづいて，実際に，日本人抑留者を中国からソ連経由でモンゴルに移送する業務にたずさわったモンゴル人民革命軍の活動をおうとともに，移送後の業務を担当した捕虜管理所の当事者などに対するオーラルヒストリー調査の成果をも参考にしつつ，日本人抑留者のモンゴルへの移送および初期の生活・労働状況について再検討したい。具体的には，日本人抑留者はいつ，どこから，どのようにモンゴルへ移送されたのか，ソ連軍はどのような役割をはたしたのか，移送途中の状況はどのようであったか，などをときあかしたい。また，内モンゴル人抑留者があゆんだ道と，若干，比較もする。これは，抑留研究の空白の一部を埋めるものであると同時に，第2次世界大戦終結後に北東アジア地域にいた日本人のおかれた状況をより客観的に理

解することにおいても重要である。

2. モンゴルに移送されたプロセス

　1945年8月23日，ソ連国家防衛委員会が日本人軍事捕虜を選別し，ソ連で労働に従事させることなどを規定した指令「日本軍軍事捕虜の受け入れ，配置，労働使役について」（極秘9898号）をだした[7]。同月31日，モンゴル閣僚会議が日本人捕虜をうけいれ，捕虜の労働力の活用，特別に設置した各収容所への配置などの任務を内務省に委任することを決定した[8]。

　1945年8月の対日戦に参戦したモンゴル人民革命軍のうちの第7騎兵師団第19騎兵連隊と第20騎兵連隊所属の一部が，日本人捕虜を中国からソ連経由でモンゴルに移送する業務にたずさわった。最初に承徳（Chengde）から4,500名の日本人将兵を護送し出発したのは同年9月15日である[9]。ソ連軍と一緒に第2次世界大戦のヨーロッパの戦場におもむいたモンゴルの軍人数人もソ連の国境の街ナウシキで，第19騎兵連隊と合流し，日本人捕虜の護送にたずさわった[10]。

　従来，モンゴルに抑留された日本人は主に中国の承徳，錦州（Jinzhou），海城（Haicheng），公主嶺（Gongzhuling）で収容された人からえらばれたといわれてきた[11]。しかし実際は，次に述べるように，途中の平泉（Pingquan）県，新京（長春），奉天（瀋陽），マンチューリ（満洲里）などの地域や，さらにはソ連領に入ってからも，モンゴル軍はソ連軍から日本人捕虜をうけとっていた。また，承徳，錦州といっても，もともとは古北口（Gubeikou）や唐山（Tangshan），旅順（Lüshun）などの地域に駐屯し，終戦にともなってソ連・モンゴル連合軍の捕虜になり，8月下旬から9月上旬に承徳などの地域にあつめられたものも多くふくまれていた[12]。例えば，古北口を守備していた日本の北支那方面軍の独立混成第8旅団は1945年8月にソ連・モンゴル連合軍の捕虜となり，同月下旬に承徳に移

動させられ，その多くはのちにモンゴルに抑留された。モンゴルに抑留されなかった同旅団の他のものは天津と青島におくられ，1945年11月から翌1946年4月にかけて，数回にわたり塘沽（Tanggu）港より日本にひきあげた。

独立混成第8旅団は歩兵5個大隊（第2981〜2985大隊／第31〜35大隊），砲兵・工兵・通信各1個大隊，計8個大隊より構成されていた。部隊の文字符は「春」であるため，各大隊は「春」とその最後の数字をとって，春第298〇大隊と呼ばれていた。例えば，第2981大隊は「春1」，そのほかの大隊は「春2」，「春3」などとなっていた。

終戦の時，承徳と錦（Jin）県を守備していた日本軍第108師団歩兵第240連隊（祐20560など）の多くの将兵，および地元の一部の憲兵や警察，特務機関のものもソ連・モンゴル軍の捕虜となった。かれらはのちにモンゴルに抑留される。このほか，四平（Siping）にいた満洲第133旅団（福寿混成旅団）の多くの将兵と第231連隊歩兵砲中隊（藤6864）の一部，公主嶺，新京にいた戦車第1混成旅団戦車第35連隊（迫13042など）の一部，新京にいた第30軍司令部の一部の将兵，大賚（Dalai）にいた歩兵第88旅団独立歩兵第389大隊（弘15626）の一部，錦州にいた第5練習飛行隊第13錬成飛行隊（満第16675部隊）の将兵，第2航空軍第213飛行場大隊の一部の将兵，旅順の幹部教育隊，下士候隊，および錦州や承徳，建昌（Jianchang，ハラチン左翼旗），山海関（Shanhaiguan），林西（Linxi）などの地域の政府部門，検察庁，協和会の幹部，学校の教員などがモンゴル抑留の対象となった[13]。モンゴルとソ連側からみれば，軍隊と憲兵，警察はもとより，こうした植民地の政府部門や検察庁，協和会は日本軍国主義の対外侵略の執行機関あるいは道具であったため，それらに勤務したものたちは文官としてあつかわれたが，日本からすればかれらはあくまでも民間人にすぎなかった。

モンゴルの文書館に所蔵されている，抑留者がモンゴルについた後に書きのこした資料によると，承徳地域の政府部門の「官吏，会社，商人，勤

労者」など各分野の人びとは停戦後に熱河省次長岸谷隆一郎を長とする「熱河省日本人居留民団」を組織した。かれらはソ連・モンゴル軍（原文は「貴国軍」，以下同）の「指令官ノ指揮ノ下ニ自治的ニ善処セントシアリタルトコロ，承徳駐屯日本軍最高指揮官ハ居住民保護ヲ理由トシテ」，居留民団に対して「兵営所在地タル熱河離宮内ヘノ集合ヲ要求セリ，之ニ対シ岸谷氏ハ飽ク迄モ民団ノ自主性ヲ主張シ，離宮入城ヲ拒否シタルニ拘ラズ，遂ニ軍ノ要求ヲ受容スルノ止ムナキニ至リタリ」。8月19日，承徳地域に入ったソ連・モンゴル連合軍は，日本軍に対する武装解除をおこなった後，岸谷は「責任遂行ノ不可能ニナリタル事情ヲ察シ，自宅ニ於テ妻子三名ト共ニ服毒自殺」した（句読点は筆者による）[14]。そして，ソ連・モンゴル連合軍はこの居留民団の男子から1,000名ほどをえらび，日本軍の各部隊と一緒にモンゴルに連行した。そのなかには男装した加倉井文子もいた[15]。

承徳にあつめられた独立混成第8旅団や歩兵第240連隊および熱河省日本人居留民団などの人びとは，本来列車に乗って出発する予定であったが，連日の大雨のせいなのか，爆破されたことが原因なのか，承徳から平泉までの鉄道線がこわれてしまい，つかえなくなったため，結局，みな荷物を背負いながら，徒歩で平泉に行くことになった[16]。途中で辛さに耐えられない居留民団の一部の人は配られた米や品物などをこっそりと捨ててしまったことすらあった。

平泉で，モンゴル軍はさらにソ連軍から865名の日本人をうけいれた。そのなかには，200名を超える綏中（Suizhong）と山海関からおくられてきた華北交通や満鉄の職員，鉄道警察官などもいた。

モンゴルへの移送途中の悲惨な状況などについては，抑留者の体験記や回想録などからうかがうことができるが，ここでは，モンゴルの資料にもとづいて，その実態を検証したい。

デ・ワン（デムチグドンロブ王，徳王）政権から得られた戦利品をのぞいて，ソ連・モンゴル軍の対日戦の戦利品はおもにソ連軍より管理されてい

た。そのため，モンゴルに抑留された日本人捕虜にあたえる食糧や衣服，石鹸などの生活品などもソ連軍からえることになっていた。それは，中国からソ連経由でモンゴルに移送途中でも，モンゴル領に入ってからも同じであった。モンゴル政府はソ連政府にその供与品の代金をはらっていた[18]。ソ連領に入る前に，モンゴル軍は平泉県，新京（長春），四平市，マンチューリでソ連軍から日本人捕虜にあたえる食糧や衣服をうけとった。しかし，うけとったものは，収容された日本人捕虜の定員分にみたなかった。例えば，モンゴル人民革命軍第19騎兵連隊が9月19日に平泉県でソ連軍第270師団第770連隊から3回にわたって865名分の日本人捕虜の衣服，食料などをうけとった際，夏の外套は15名分，冬の外套は2名分，靴は105名分，毛布は117名分しか支給されなかったし，夏の帽子やズボン，Yシャツ，靴，冬の帽子，ズボン，靴，軍手，および石鹸やお茶なども定員分にみたなかった[19]。

　すわなち，日本人抑留者はモンゴルに移送される途中，十分の衣食などをあたえられず，なれない気候や地理的状況などもくわわり，ながく苦しい旅のなかで，多くの人が栄養失調症や赤痢などさまざまな病気にかかった。途中，病死した者もいれば，逃亡した者，不明な者に殺された者，自殺した者もいた。

　護送したモンゴル軍の管理，警備はそれほど厳しくなかったため，移送途中に日本人捕虜が逃亡する事件が何度も起きた。例えば，1945年10月4日，貨車で928名の捕虜を護送した第19騎兵連隊第3中隊は長春に到着し，翌10月5日朝，各車両から日本人捕虜10名ずつを選んだが，あつめられたのは101名であった。これら101名の捕虜はモンゴル軍の中尉ダシダワーなどにつれられ，ソ連軍側から衣食をうけとりに行き，夕方19時に長春駅にもどったが，各車両のモンゴル軍の管理者にわたされた際，うけとった側のツェデンイシらモンゴル軍の管理者は，その人数を確認しなかった。気付いたときには，戻った捕虜は97名のみであり，ヨシマ　トウニチなど4名の捕虜が逃亡していた。のちに，この日本人捕虜

の逃亡事件に責任があるツェデンイシ、ヨンダンワンジル、ハイデブの3名のモンゴルの軍人が軍事裁判をうけ、処罰された。このほか、奉天やマンチューリなど途中の駅で、料理の準備や、トイレに行く時などの合間を利用して、逃亡した捕虜も数人いた[20]。また、個別の脱走者がモンゴル軍につかまってもどされた時、本来処刑することになっていたが、モンゴル軍側の管理者はそのような行動をとらず、脱走者を帰隊させ、モンゴルにおくることですませた[21]。移送途中、日本人の脱走事件が何回もおきたことについては、抑留当事者の回想録のなかにも記されている[22]。

　護送したモンゴル軍の衣食状況も実際きびしかった。移送の業務にたずさわったモンゴル人民革命軍第7騎兵師団第19、20騎兵連隊は、1945年8月に戦場に赴いた際、夏の服と靴しかもたず、9月にそのまま日本人捕虜を護送した。多くの人の靴は途中でやぶれて、マンチューリにつくまで衣服などの補充もほとんどなかった。マンチューリでやっとソ連軍から、対日戦の戦利品のなかから、衣服・靴の補充がなされた。なお、貨車の中国領内では移動の速度はおそかったが、ソ連領に入ってからはやくなったという[23]。

　くりかえしになるが、モンゴル人民革命軍第7師団第19騎兵連隊の一部が9月15日に4,500名の日本人将兵を承徳から護送し、途中の平泉県でさらにソ連軍から865名の日本人をうけいれた。その後、モンゴル軍側はさらに奉天（瀋陽）で18名、ハルビンで17名、サハリン（ママ）から［おくられた］171名、マンチューリで58名、オロヴァンナヤで7名、バルグジンスキーで29名の日本人捕虜を収容した[24]。しかし、途中、旧満洲国領内で37名が逃亡し、マンチューリで42名が病死し、2名が殺害され（犯人不明）、181名がほかの地域で病死あるいは行方不明になり、417名が旧満洲国領内あるいはソ連領内の軍事病院にのこったため、実際、モンゴルに到着した日本人抑留者の第1陣は4,986名である[25]。

　抑留者の第1陣がモンゴルに到着した日付について、「10月20日」「11月20日」とかんがえる研究者も多いが[26]、実際は10月15日である[27]。

その後，日本人捕虜の第2陣1,404名，第3陣1,479名，第4陣1,494名，第5陣1,497名，第6陣1,458名が，1945年10月下旬から12月10日にかけて，モンゴル領に入った。このように，1945年10月15日から12月10日にかけて，ソ連経由でモンゴルに移送されたのは1万2,318名である。これに同年モンゴル人民革命軍より内モンゴル西部からつれてこられた増田啄雄，宍戸武男，小山義士，須佐誠，矢部久夫，増本銀三郎，金森駿の7名と，モンゴル国内で諜報活動をしていて1943年に国境警備隊により逮捕された1名を加えると[28]，モンゴルにおける日本人の抑留者は計1万2,326名である。日本人抑留者は1,000人単位で編成され，ソ連に送られたといわれているが[29]，モンゴルにおくられたものの場合，必ずしも1,000人単位で編成されたわけではないことがわかる。

　モンゴル人民革命軍により内モンゴル西部から連行された7名の日本人はみな，デ・ワン政権地域で日本の特務機関あるいは地元政府で働いたもの（顧問）たちである。かれらは戦犯として，1946年にウランバートルで裁判をうけ，15年から25年の刑を宣告された[30]。7名の内には，処刑されたものもいたし[31]，フフホト特務機関員であった金森駿は1947年にウランバートル収容所で病死したという[32]。

　モンゴル人民革命軍はモンゴルにひきあげる際，内モンゴル中西部地域から多くの家畜をつれかえった。皮肉にも，その家畜を管理した内モンゴル人のほとんどはモンゴルについたあと，捕虜としてあつかわれた。このほか，内外モンゴルの統一を夢みて，モンゴルに移住する道を選んだデ・ワン政権の一部の官吏や野戦師団の将兵，モンゴル軍士官学校，幼年学校の教員・生徒たち，東ウジュムチン旗とホーチト右旗の人びと，さらには旧満洲国の一部の官吏，とりわけバルガ人の指導者や軍人，教員なども，結局，「捕虜」としてあつかわれ，過酷な労働などをしいられた[33]。

　これら「捕虜」とされた内モンゴル人の数とその財産は，中国国民党側の主張にしたがうと，すくなくとも「捕虜」は4,000名（そのうち女性は400名）以上，家畜は50万頭ものぼるという[34]。春日行雄は内モンゴル人

の数を 6,000 名だとしている[35]。完全なデータはまだとのっていないが，モンゴル側の資料によると，1945 年 11 月にモンゴルに移住し，翌 1946 年 7 月にドルノド・アイマグのフルンボイル・ソムにおちつき，モンゴルの国籍を取得したバルガ人は世帯数 256 戸，954 名（処刑されたもの，ウランバートルにつれられて行かれた僧侶，刑務所にいれられたものはふくまれない）であり，つれてきた家畜は 74,865 頭であった[36]。1946 年 4 月 24 日，モンゴル人民共和国小ホラル第 23 回会議で，ベイレ郡王ミンジュルドルジをふくむウジュムチン人 2,083 名の移住がみとめられた（1945 年 11 月に移住）。同年 6 月に設立されたヘルレンバヤン・ソムに住むウジュムチン人の数は 437 戸，1,751 人，家畜は 44,412 頭であった[37]。

このほか，1946 年 2 月，モンゴル労働組合は，ウランバートルで 1,004 名の内モンゴル人を政府，国防省，内務省，石炭鉱山，発電所，飼料トラスト，木材工場，印刷所などの機関ではたらかせることを決めた。そのなかには，チャハル，ホルチン，ハラチンの人びとがふくまれていた。おなじころ，モンゴル最西部のバヤンウルギー・アイマグで仕事をあたえられた内モンゴル人の数は 1,000 人をこえていた[38]。そのなかには，内モンゴルで投降し「捕虜」とされたものが，すくなからずふくまれていた。

内モンゴルのウジュムチンやホーチトの人びと，フルンボイルのバルガ人は，ほぼ旗単位で，ゲルなどの家具をもち，家畜をおってモンゴルに行った。デ・ワン政権下の野戦師団（第 7 師団）の将兵やモンゴル軍士官学校，幼年学校の教員・生徒たちの場合はことなるが，そのモンゴル行きの道も厳しかった。かれらは自ら外モンゴルに行くことを志願したが，モンゴル側の許可をえるのに時間がかかった。モンゴル軍幼年学校の教官，生徒たちがあゆんだ道をみれば，このことが多少理解できるだろう。1945 年 8 月，ソ連・モンゴル連合軍の進軍によって，モンゴル軍幼年学校の教官，生徒たちは余儀なく所在地の西スニト旗から南に退却した。かれらは徒歩で内モンゴル中部の商都につき，そこでしばらく滞在した後，9 月下旬になって，やっとモンゴル人民共和国からうけいれの知らせをう

けとった。教官，生徒たちはモンゴル側が用意したトラックに乗って北上し，途中，モンゴルに行くデ・ワン政権の一部の軍隊と合流した。国境をこえると，かれらはザミンウーデのモンゴル国境警備隊の将兵にむかえられ，ゲルや鍋などをわたされた。そこで自力で水を汲み，薪や食事を調達するようになったが，供給された食べ物は主に発酵した黒パンで，量が不足した。寒いなか，衣服などの補充もなかった。辺境のまちザミンウーデにあつまったデ・ワン政権の一部の軍隊やモンゴル軍士官学校，幼年学校の教官，生徒たち，満洲国からやってきた少数の官吏，教員などは1,000名を超えた。これら内モンゴル人は，みなロシア人医師の診察をうけたが，すでに手遅れで，伝染病が蔓延していた。幼年学校の場合，百数十名の生徒のうち，40名あまりが病気にかかり，数名はウランバートルにつく前に命をおとした。やがて，生徒たちは意気消沈の状態になった。10月末になると，50台を超えるトラックがやっときて，古着ではあるが，綿入りのズボン，シャツ，フェルトの靴，外套，帽子がくばられ，ひと安心した。しかし，ウランバートルについたあと，これら内モンゴルの軍人や教官，生徒たちの多くは中央刑務所（バトツァガーン刑務所）などの刑務所にいれられ，モンゴル軍幼年学校の生徒ですら，例外ではなかった[39]。日本人は強制的に捕虜としてソ連とモンゴルに抑留されたが，内モンゴル人とフルンボイル人の場合，内外モンゴルの統一をはたすため，モンゴルに移住する道をえらんだが，その多くがこのように捕虜としてあつかわれたのである。

　さて，ここで日本とモンゴル側が主張する日本人抑留者数やその死亡者数について検討しておきたい。

　日本では，抑留当事者の春日行雄氏などは，モンゴルに抑留された日本人を1万2,780名であるとし，モンゴル側が主張する1万2,318名あるいは1万2,326名より450名あまりも多い。死亡者数においては，春日行雄は1,687名だとみなし（1,688名の説もある）[40]，モンゴル側が主張する1,618名（モンゴルで逃亡し，行方不明になった3名は含まない）[41]より69

名も多い。1947年10月14日から28日までに，10,705名の日本人捕虜がソ連に送還されたが，そのうちの21名はソ連のナウシキ駅からナホトカへの移送の途中で死亡したため，日本にもどったのは10,684名だという[42]。

上で述べたように，9月15日に承徳から出発し，途中で何度もソ連軍から日本人捕虜をうけいれたため，抑留者の第1陣に収容された日本人は計5千名を超えたが，移動中に逃亡，病死，行方不明になったもの，あるいは旧満洲国，ソ連の軍事病院にのこされたものなどをのぞくと，実際にモンゴルに到着したのは4,986名であった。その後の第2陣から第6陣までの抑留者の場合も，同じようなことがあった。抑留者を移送したモンゴル軍の指揮官がモンゴルの捕虜管理庁にわたした日本人捕虜の名簿はほとんど，実際モンゴルにたどりついたもののみのデータになっている。すなわち，モンゴル人民革命軍が中国とソ連領内で収容した日本人捕虜の数は，実際モンゴルにたどりついたものより多い。この意味で，モンゴル側と日本側の主張は，それぞれそれなりの根拠があったといってよい。

春日行雄の『宿願66年モンゴル殉難日本人霊堂——1939〜2005』にとりあげられた「昭和20年10月〜22年11月モンゴル抑留死亡者埋蔵図1687柱」の内，「輸送中死亡」とされる栗岩之（長野県出身）は，実際は1945年8月9日に亡くなったのであり，その時点で，日本人抑留者をモンゴルどころか，ソ連に抑留することも決められていなかった。また，春日行雄のデータには，「輸送中死亡」とされ，そのまま死亡地で埋蔵された今井久夫（兵庫県出身，8月17日死亡）や東正男（奈良県出身，8月20日死亡），大平竹次郎（岩手県出身，8月20日死亡），大屋六郎（福岡県出身，8月21日死亡），玉置竹雄（和歌山県出身，8月22日死亡），頭根廸夫（和歌山県出身，8月22日死亡），およびウランバートル市内アムラルト日本人墓地に埋蔵されたた山田正一（愛知県出身，9月7日死亡。おそらく死亡地で火葬され，遺骨がモンゴルにもっていかれ，埋葬されたと思われる）なども含まれている[43]。しかし，モンゴル側からすれば，日本人捕虜のモンゴルへの移送

は9月15日からはじまったことであるため，これらの日本人死亡者はモンゴル側の日本人捕虜のデータには入っていない。

春日行雄の抑留のデータは自ら把握している資料をもとに，ほかの抑留当事者から提供された情報をもくわえて作成されたと思われるが，ながい歳月をへたことによって，若干，正確ではない部分もあることは，さけられない。例えば，春日のデータによれば，ウランバートル市内アムラルト日本人墓地に埋葬された高橋三吉（東京都出身）を9月14日に死亡したとされているが[44]，モンゴル国防中央文書館に所蔵されている医師山城興雄が同年10月19日に作成された春部隊，すなわち独立混成第8旅団の陸軍二等兵高橋三吉（原住所：東京都牛込区［現新宿区］榎本町15）の死亡調書によれば，高橋は10月18日22時に移送途中のソ連のシベリアで亡くなったのである[45]。また，春日のデータのうち，スフバートル市日本人墓地に埋蔵された南敏（東京都出身）の死亡日は1945年10月10日となっているが[46]，上記の医師山城興雄が同年10月26日に作成した南敏（原住所：東京都神田区［現千代田区］南本郷2-6）の死亡調書によると，南敏は10月26日に外モンゴル領（日本語の原文は「外蒙領」となっている）で亡くなったのである[47]。

モンゴルに抑留された日本人の数について，モンゴル側の公式的な見解が日本人抑留者が主張した数字よりすこし少ないのは，このような理由があったからである。

3．移送途中の傷病状況についての再検討

1945年8月14日，日本は「ポツダム宣言」受諾と無条件降伏を決定し，翌8月15日には終戦の詔書が玉音放送というかたちで国民そして世界に告知され，9月2日に東京湾上のミズーリ艦において日本の降伏文書の調印がおこなわれた。「ポツダム宣言」の第10項には，「吾等は日本人を民族として奴隷化せんとし又は国民として滅亡せしめんとするの意図を

有するものに非ざるも吾等の捕虜を虐待せる者を含む一切の戦争犯罪人に対しては厳重なる処罰を加へらるべし」と述べられている[48]。したがって，抑留当事者はもとより，日本のほとんどの研究者も例外なく，日本人のソ連・モンゴル抑留は国際法違反だと指摘している[49]。

　しかし，第二次世界大戦終戦直後に，中国人や朝鮮人，モンゴル人はもちろん，日本国民のレベルでも「ポツダム宣言」の第10項の意味をどれほど理解していたかについては，うたがわしい。抑留者が1945年12月から翌1946年2月までにモンゴル政府におくった嘆願書などからも，そのことは多少，うかがうことができる。日本の軍医がモンゴルの上層部門におくった報告書では，凍傷者などの情況を報告し，防寒服や医療器具，薬剤などの提供，睡眠場所の改善，給養・休養の適正化などを要求するにとどまっている。これと対照的に，元熱河省居留民団の代表たちがモンゴルの指導者や外務省などにおくった複数の嘆願書では，くりかえし，下記のことを強調していた。「日本軍ハ天皇陛下ノ軍隊デアリマシテ（中略），満洲国自体ノ戦闘隊ハ別ニ満洲国軍ガ存在シテ居リタノデアリマシテ，我々ハ日本軍ニ準スル戦闘員デモアリマセンデシタ」と，軍人は捕虜としてあつかっていいようによみとれる。そして，「国際法ノ明規スルトコロ，非戦闘員タル一般民団カ"居留民"トシテノ取扱ヲ受クヘキ権利ヲ保有スルコト」といいながら，「詳細ナ説明ハ省略致シマス」と述べ，どの国際法なのか，その詳しい規定をとりあげることができず，自分たちは捕虜ではなく，民間人であることを強調し，早期の日本へ帰還を要求しつづけている[50]。「ポツダム宣言」の内容について，ほとんど知られていないように思われる。

　当時，かつて日本に占領された国ぐに，とりわけ国民レベルでは，日本人に対する憎みや怒りはおさえられず，日本人に対する攻撃は絶えなかった。個々の人の体験はそれぞれ複雑で多様であったが，敵視・批判があびられたことは共通であろう。このように，敗戦した日本軍，さらに日本人は，完全に否定・糾弾される社会環境のなかにおかれた。日本人がいた旧

満洲国領と旧デ・ワン政権地域は，ある意味では無政府状態になっており，居住や医療状況，そして身の安全はきわめてきびしく，深刻であった。日本人のソ連・モンゴルへの移送は，まさにこのような社会状況のなかでおこなわれ，抑留の対象として選別されたものは捕虜としてあつかわれたことは，あきらかである。そして，抑留者は収容された地域から移動する最初の段階で，すくなからぬものがすでにさまざまな病気にかかり，栄養失調症あるいは赤痢などの病気により，途中でなくなったものは少なくなかった。これについては，抑留された当事者も証言している[51]。

　ここでは，当時，日本人医師などが書いた死亡調書などにもとづいて，当事者の証言を重視しながら，移送途中の抑留者の情況を検討しておきたい。抑留者の死亡調書については，1995年にモンゴル国立中央文書館より朝日新聞社に提供された資料の中にも，日本語とモンゴル語で書かれた死亡者名簿や調書などが複数ふくまれている[52]。また，加倉井文子が書いた『男装の捕虜』にも附録として635人の簡単な死亡調書が収録されている[53]。しかし，これらの死亡調書はほとんど抑留者がモンゴルに入国してからのものになっている。本論文で利用する死亡調書はほとんど移送途中で作成されたものであり，抑留者の移送途中の厳しい状況を理解するための重要な手がかりになる。

　これらの死亡証書は医師により書き方は若干ことなる。またタイトルも死亡証書，死亡診断書，死亡証明書，死亡確認書，死亡現認書，診断書などさまざまであるが，氏名，病名，死亡日は必ず書かれており，43点は作成者名も書かれている。診断書には日本人医師の名前のみ書かれたものがあれば，日本人医師のほかに，日本人長官やソ連の軍医，モンゴル軍の長官が署名したものもある。また，軍人の場合，その多くは所属する部隊名も記されている。さらに，その一部には，埋葬地や診断書が作成された日なども書かれている。場合によって日本語とモンゴル語，あるいは日本語とロシア語で作成されている。ほとんどは満洲国時代につくった紙に書かれており，その一部は「歳出明細簿」や「陸軍」と印刷されている日本

軍の用箋などをつかっている。

ここでは，筆者がモンゴルの文書館で収集した，移送途中で亡くなった44名の日本人死亡者の死亡調書を整理し，まとめておく。

44名はいずれも病気によって亡くなった。最初の犠牲者，独立混成第8旅団春第2981部隊富小隊陸軍二等兵高橋明（東京都出身，1917年11月27日生まれ）は，1945年9月15日に栄養失調症により「承徳東方八里河／承徳東方30粁」で死亡し，そのまま死亡地で埋蔵したという。最後に亡くなったのは，第4大隊第4中隊の井上重夫（福島県出身，19歳）であり，11月11日に急性大腸炎並栄養失調症によりソ連領で死亡したが，埋蔵地は記入されていない。

このうち，医師山城興雄により作成された死亡診断書などは16点あり，所属部隊名が書かれていない2点をのぞいて，死亡者はいずれも独立混成第8旅団（春部隊）のものである。同旅団第2981大隊の陸軍一等兵金子一郎の死亡調書は日本軍隊長陸軍大尉鈴木光一，陸軍軍医少佐本木孝夫により作成された。

第4大隊の死亡調書は19点ある。モンゴル抑留第4大隊は歩兵第240連隊の将兵を中心に編成されたが，承徳居留民団の人も一部ふくまれていた。この19点の死亡調書のうち，医師のほかに，大隊長・陸軍中尉五百井利広が署名したものが17点あり，また「ソ連大隊長」Гарполаが連名で署名したものが16点ある。医師はそれぞれ川田豊（11点），酒井一郎（6点，五百井利広が署名していないものはふくまない）である。五百井利広が署名していない調書の内，酒井一郎が作成したものが1点，医師田淵守一が作成したものは1点である。また，通訳者小仲勝利が連名で署名したものが17点ある。このほか，医師兼松義明，陸軍大尉長谷川貞雄が作成した調書が3点（ソ連軍医少佐ホーミンが署名したもの2点ふくむ）あるが，所属する部隊名はかかれていない。また，第1大隊大隊長・陸軍大尉鰈渕武雄，衛生部員織田辛一により作成された調書が2点ある。そのほかに所属する部隊名がかかれておらず，吉川和夫と森直樹が連名で作成した

ものが1点（職業は書かれていない），松田達夫と早見が連名で作成したものが1点（死亡者吉田義人は鉱業従事者），作成者名が書かれていないものが1点ある。

　ここで，5点の死亡調書をとりあげておく。第1大隊第2中隊第4小隊山本清市の死亡現認書（**写真1**）によると，氏の原籍地は兵庫県揖保郡（現たつの市）揖西村27番地である。山本は1945年9月14日頃より急性腸炎を発病し，治療をうけたが，承徳から平泉に移動途中に病状が悪化し，給養不良のため，病状が急変し，平泉に宿営したとき亡くなった。アメバー性赤痢と診断され，死亡後，日本軍大隊長，中隊長，医師がたちあい，髪と右人差し指が切りとられてから，「平泉街西方角ノ地」に埋葬された。調書は大隊長・陸軍大尉鰊渕武雄，衛星部員織田辛一により作成された。抑留者の一部の日本軍の指揮者が，移動途中に亡くなった戦友の指か髪をきり，もちつづけたことについては，モンゴル語の資料からも証明される[54]。

　歩兵第240連隊第2大隊機関銃中隊長野静男（38才）の死亡現認書（**写真2**）によると，氏の原籍地は福岡県田川郡方城村（福智町）大字伊方1575である。長野は9月25日から，腹痛，下痢のため治療をうけたが，下痢と血便などがとまらず，体調がいちじるしくおとろえ，10月5日，綏化—海倫間の移動中に死亡した。病名は急性大腸炎とされ，死亡人現認者は五百井利広であり，ソ連軍大隊長 Гарпола と日本軍大隊長・陸軍中尉五百井利広，医師川田豊が署名し，通訳者小仲勝利も証明者として署名している。日本語の死亡現認書は，日本語とロシア語でそれぞれ作成したとしているが，実際は日本語とモンゴル語で作成されており，モンゴル語の現認書には五百井利広，川田豊，通訳者小仲勝利も署名している。

　第4大隊第4中隊の濱義孝（34年［34才］）の原籍地は兵庫県養父郡高柳村（現養父市八鹿村）団木242である。濱は10月1日以降，血便によって1日30数回も下痢し，薬剤が十分にあたえられなかったため，回復せず，栄養低下，全身浮腫になり，10月17日22時に強心剤を注射しても

効かず，死亡した。日本軍大隊長，中隊長，医師がたちあいのうえ，濱の髪と右指爪を切ってから埋葬した。病名は急性大腸炎，死亡人現認者は五百井利広であり，ソ連軍大隊長 Гарпола と日本軍大隊長・陸軍中尉五百井利広，医師酒井一郎が署名し，通訳者小仲勝利が証明者として署名している（写真3）。

独立混成第8旅団（春部隊）の陸軍曹長斉藤政男の原籍は東京都深川区（現江東区）高橋町 5-12-1 であり，10月8日に栄養失調症により孫呉駅で亡くなり，同駅構内に埋葬されたという。医師は山城興雄である（写真4）。

熱河省居留民団医師兼松義明が作成した倉谷徹の死亡診断書によれば，倉谷は大正12（1923）年11月30日にうまれ，昭和20（1945）年10月5日に赤痢を発症し，栄養失調症もくわわり，同月13日午後10時30分に浜洲県哈拉蘇（ハルウス）駅付近でなくなったという。赤痢にかかって一週間ほどでなくなった。陸軍大尉谷川貞雄が診断書に署名しており，兼松義明は日本語の署名以外に，ローマ字で Y. Kanematsu とも併記している（写真5）。

44名のうち，栄養失調症によるものは25名（内，急性大腸炎などの病気にかかったもの10名を含む）であり，全体の56.8%を占めている。急性大腸炎，腸炎によって死亡したのは16名であり，全体の36.4%を占めている。これに対し，心臓衰弱症によるものは5名であり，いずれも10月中旬以降に亡くなっている。時間が経過するにしたがって，体力がしだいに弱っていくことがわかる。

日本人抑留者のなかには中国から移送される途中ですでに赤痢に感染したり，赤痢が原因で大腸炎になったりしたものがおり，それが次第にひろがり，死亡者があいついだ。赤痢は下痢，血便，腹痛などをともなう大腸感染症の1つであり，適宜対応しないと，意識障害などを起こし，短時間でなくなることが多い。この状況はモンゴルに入ってから最初の段階でもつづいた。

他方，うえでも述べたが，1945年8月31日，モンゴル閣僚会議は日

本人捕虜をうけいれ，捕虜の労働力の活用などの任務を内務省に委任することを決めたが，捕虜収容に関して設置されたモンゴルの政府委員会は9月30日になって，その第1回会議をひらいたのである[55]。そして10月2日，モンゴル（当時はモンゴル人民共和国）小ホラル幹部会第87回会議で，ようやく捕虜を労働力として利用する目的で，各省と同等の権限をもつ閣僚会議に直属する機関として捕虜管理庁を設置することが決められた[56]。翌10月3日にひらかれた捕虜収容に関する政府委員会第3回会議で，捕虜をうけとってから，どこに収容するかなどについて議論され[57]，10月4日にひらかれたモンゴル閣僚会議とモンゴル人民革命党中央委員会の合同会議で，捕虜収容の施設を確保するための規定「捕虜の収容について」が決められた[58]。その11日後の10月15日に，日本人抑留者の第1陣4,986名がモンゴルに入った。周知のように，モンゴルの伝統的家屋（居住）は移動式のフェルトのゲル（テント）である。1945年当時，モンゴルの建物といえば，寺院のほかに，軍や国営の毛皮工場，手工業協同組合の宿舎ぐらいである。寺院は，1930年代の仏教に対する弾圧によってほとんど破壊された。そのため，日本人捕虜をスフバートル市の軍ガレージや同市の道路建築管理部所管の建物，アルタンボラグ市の毛皮工場および手工業協同組合の宿舎，ズーンボラグの国営農場のゲルおよび建物，ウランバートル市にある手工業消費者連合クラブおよび同第一共同組合クラブの建物，同市第2映画館，ガンダン寺，ホジルボランの建物などに収容することになり，手工業組合の幼稚園，党中央委員会と労働者中央評議会の倉庫もあけて，文化宮殿にある機関をすべてうつし，捕虜に利用されることになった。それでも，宿舎は大幅にたりなく，衣服や食料，移送用の車などもなかなかうまく調達できなかった[59]。

　あきらかに，日本人抑留者がモンゴルに移送される1945年9，10月の段階で，栄養状況はすでに厳しくなっていたが，それに赤痢などの伝染病がくわわり，深刻な状況におちいった。そして，モンゴルに入ってから，抑留者はさらに過酷な環境にぶつからざるをえなかった。モンゴルに抑留

された日本人の死亡率がソ連に抑留されたものより高かった要因の1つは「年配者がかなり多かった」ことと推定されているが[60]，割合からみて，モンゴルに抑留された日本人のなかにソ連に抑留されたものより年配者が多かったことは証明されていない。実際には，日本人がおかれた衛生・医療の状態，および社会状況がより根本な原因であった。

4．むすびにかえて

　今回，日本人抑留者のモンゴルへの移送の状況について分析した結果は，以下のようにまとめられる。第1に，争点の1つとなる抑留者と死亡者の数字については，モンゴル側は抑留された日本人の総数を1万2,326名（1943年からモンゴル国内で諜報活動をして逮捕された1名も含む）と主張しているが，これはソ連軍からうけいれた日本人の数より目減りしている。その理由は，移送途中で病死したものや逃亡したもの，ソ連領内および旧満洲国領内のソ連軍病院にのこされたもの，自殺者などが多くいたからである。これに対し，日本の一部の抑留者が主張した数字はモンゴルのデータよりやや多くなっているが，それは主に抑留者自身が所属部隊の規模にもとづいてだした数字であり，病死者の数もある程度把握されていたものの，そのほかの原因でモンゴルまでたどりつけなかったものに対する情報が十分伝達されなかったせいである。第2に，繰り返しになるが，第二次世界大戦終結直後，敗戦国の日本人は，完全に否定された社会環境のなかにおかれ，居住や医療状況はきびしかった。そしてモンゴルに抑留される対象としてえらばれた日本人は，収容する地域から移動する最初の段階からすでに赤痢などの病気にかかったものがおり，それが次第に悪化し，少なからぬ人が移送途中で病気あるいは栄養失調症で病死した。この状況はモンゴルに入ってもしばらくの間は改善されなかった。それに，1945年後半と1946年前半の段階で，モンゴル国内にはこれほどの規模の日本人抑留者をうけいれる体制がととのっていなかったこともくわわり，抑留者の

死亡率がより高くなったと思われる。

　日本人の海外抑留は，異なる国，地域，民族にとって，異なる意味をもつ出来事になった[61]。モンゴルからみれば，日本人のモンゴル抑留ないしソ連抑留は，1945年8月までの戦争の責任によるものであり，そこからさらに戦後の日本とモンゴルの友好のつながりがみいだされている。しかし，日本からのまなざしは，おもに抑留者がうけた被害にむけられており，相手国の責任をとうている。

　ノーベル文学賞受賞者川端康成はかつて「私はこの被告［東京裁判を受けたA級戦犯］等が行った政治と戦争とについてはほとんどなにも書いていないのに，刑の宣告のありさまだけを見に来て書くということも，自分ながらをかしな戯畫だと思へた。(中略)。国際裁判に日本人の残虐が問はれていることはさらに私の憂鬱の原因であった。残虐は世界戦争の歴史につきものである。しかし，(中略) 日本がより多く行ったとすると，これほどいやなものはない」という名言をのこっている[62]。

　抑留者は，うたがいなく被害者である。戦争の責任を抑留者におわせるのは，公平ではない。抑留という歴史をめぐって，関係諸国の研究者にかぎらず，一般の国民も，たがいに相手が関心をもつ問題点を尊重し，議論しあえば，その隔たりをすこしでもうめることができるだろう。

註

1　二木博史「日本人モンゴル抑留の歴史的背景」(『日本とモンゴル』第30巻第1号，1995年，pp.19-23)。春日行雄『宿願66年モンゴル殉難日本人霊堂──1939〜2005』(岐阜・海津：私家版，2006年)。サンボーギィーン・トボードルジ著，木村理子訳，春日行雄，D. フフ，Ts. チョイジルスレン監修『モンゴルにきた日本のサムライ』(神奈川・横浜：私家版，2008年)。Ч. Лувсан-Очир, *Дайны дараа Монголд байсан Япончуудын хувь заяа*, Улаанбаатар, 1998 (Ch. ロブサンオチル『戦後モンゴルにいた日本人の運命』，ウランバートル，1998年)。С. Товуудорж, *Монголд олзлогдсон Япон эмч*, Улаанбаатар: Хөх судар, 2007 (S. トボードルジ『モンゴル

の捕虜になった日本医者』ウランバートル：Khökh sudar，2007 年）．など。
Ч. Дашдаваа, *Японы олзлогдогсод Монголд*, Улаанбаатар: Бэмби сан, 2013（Ch. ダシダワー『モンゴルにおける日本の捕虜』ウランバートル：Bembi san，2013 年）．など。

2　Ч. Дашдаваа, Мөн тэнд（Ch. ダシダワー，前掲『モンゴルにおける日本の捕虜』）．二木博史「日本人モンゴル抑留問題の再検討：基本的文書史料の紹介」（ボルジギン・フスレ編『日モ関係の歴史，現状と展望——21 世紀東アジア新秩序の構築にむけて』東京：風響社，2016 年，pp.19-27）。青木雅浩「日本人のモンゴル抑留に関するモンゴルの公文書史料について」（『近現代東北アジア地域史研究会ニューズレター』第 25 号，2013 年，pp.19-28）。ボルジギン・フスレ「日本人のモンゴル抑留についての基礎的研究」（『学苑』第 886 号［昭和女子大学近代文化研究所］，2014 年，pp.1-20）など。

3　С. Товуудорж, Мөн тэнд（S. トボードルジ，前掲『モンゴルの捕虜になった日本医者』）．Ч. Дашдаваа, Мөн тэнд（Ch. ダシダワー，前掲『モンゴルにおける日本の捕虜』）．など。

4　二木博史「日本人モンゴル抑留問題の再検討：基本的文書史料の紹介」（ボルジギン・フスレ編『日モ関係の歴史，現状と展望 21 世紀東アジア新秩序の構築にむけて』東京：風響社，2016 年，pp.19-23）。

5　春日行雄『宿願 66 年モンゴル殉難日本人霊堂——1939～2005』（岐阜・海津：私家版，2006 年，pp. 80-81）。サンボーギィーン・トボードルジ，前掲『モンゴルにきた日本のサムライ』(p.56)。

6　栗原俊雄『シベリア抑留——未完の悲劇』（東京：岩波書店［岩波新書］，2009 年，pp.36-38）。富田武「ロシア資料が語る抑留——ソ連・モンゴル」（『季刊中帰連』第 51 号，2012 年，p.41）。長勢了治『シベリア抑留全史』（東京：原書房，2013 年，pp.110-113）。

7　ボブレニョフ・ウラジーミル・アレクサンドロビチ著述，ザイカ・レオニード・ミハイロビチ監修『シベリア抑留秘史——KGB の魔手に捕われて』（鶴岡：終戦史資料館出版部，1992 年，pp.31-47）。ヴィクトル・カルポフ著，長勢了治訳『「シベリア抑留」スターリンの捕虜たち：ソ連機密資料が語る全容』（札幌：北海道新聞社，2001 年，pp.60-61）。エレーナ・カタソノワ著，白井久也監訳『関東軍兵士はなぜシベリアに抑留されたのか』（東京：社会評論社，2004 年，p.37）。長勢了治，前掲『シベリア抑留全史』(p.79)。など。

8　「閣僚会議第 64 会議の決定」（1945 年 8 月 31 日），モンゴル国立中央文書館，

273-1-12, pp. 69～70，朝日新聞社文化企画局『ドキュメント——日本人のモンゴル抑留：モンゴル歴史中央文書館所蔵資料による』（東京：朝日新聞社，1995年，p.3）。

9 "Олзлогдсон цэргүүдийг байрлуулах талаар байгуулсан Засгийн газрын комиссын 1945 оны 10-дугаар сарын 3-ны өдрийн 3-дугаар тогтоол"（「捕虜収容に関して設置された政府委員会の1945年10月3日の第3回会議の決定」，モンゴル人民党中央文書館，4-12-31, pp.114～119）。春日行雄『生命ある灯』（東京：総文閣，1950年，p.24）。など。

10 セレーテル・ソミヤー（1919年生れ）とジグジド・シャラブ（1920年生れ）の筆者への談話，2013年5月6日，ウランバートル（セレーテル・ソミヤー宅，ジグジド・シャラブ宅）。ソミヤーは1939年のハルハ河・ノモンハン戦争に参加した後，ソ連の軍学校に留学し，第2次世界大戦勃発後，ソ連軍とともにヨーロッパ戦場で，衛生兵として，ソ連軍の負傷者の搬送などにたずさわり，1945年10月にナウシキでモンゴル側の関係者と合流し，日本人「捕虜」をうけとり，スフバートル経由で，ウランバートルまで護送した。シャラブはハルハ河・ノモンハン戦争に参加し，1944年に退役したが，1945年10月から捕虜管理所の刑務所で働くことになったという。

11 長勢了治，前掲『シベリア抑留全史』（p.527）。

12 独立混成第8旅団の多くの人が，8月27日ないし28日に古北口から出発し，月末に承徳についたことについては，多くの当事者が証言している。高橋兼城『我が青春のあしあと——モンゴル抑留の記録』（東京：文芸社，2009年，p.51）。長島秀夫『モンゴル俘虜生活800余日』（[札幌：私家版]，2002年，p.23）。など。

13 "Олзлогдсон япон цэргүүдийн холбогдолтой байнга хадгалах хадгаламжийн нэгтийн нэгжийн бүртгэл, 1945-66"（「日本軍捕虜と関係する永久保管資料，1945～66年」，モンゴル国立中央文書館, 273-1-25-1～58）。

14 "Олзлогдсон Японы цэргийн болон бусад хүмүүсийн бичсэн өргөдөл, холбогдох бусад баримт бичиг", 1935-46 он（「日本軍捕虜およびほかの者が書いた嘆願書，関連書類」，1935～46年，モンゴル外務省中央文書館，59-1-31, p.36)．熱河省日本人居留民団のモンゴル抑留については，久保田設司『モンゴル虜囚』（東京：善本社，1983年），ソ連における日本人捕虜の生活体験を記録する会『捕虜体験記VI——ザバイカル地方・モンゴル篇』（東京：私家版，1988年，pp.432-450）なども参照。

15 加倉井文子『男装の捕虜』（東京：有楽出版社，1949年）。
16 高橋兼城，前掲『我が青春のあしあと——モンゴル抑留の記録』（pp.48-51）。酒井武雄『この石が食べれたら——モンゴル抑留』（茨城：私家版，2002年，p.65）。内海忠『モンゴル抑留記——赤い英雄の街』（石巻：私家版，1989年，p.41）。など。
17 酒井武雄，前掲『この石が食べれたら——モンゴル抑留』（pp.65-66）。
18 「チョイバルサン首相からソ連邦臨時全権公使イワノフへの手紙」（1945年10月27日，モンゴル国立中央文書館，1-4-70-104，前掲『ドキュメント——日本人のモンゴル抑留：モンゴル歴史中央文書館所蔵資料による』，p.3）。
19 "1945 оны дайнаар японы талаас олзлогдсон цэрэг, офицер болон нас барсан, хүмүүсийн холбогдолтой баримт, акт", 1945. 9. 15-1945. 11. 20（「1945年の戦争で捕虜となった日本側の兵士，将校，及び死亡者にかかわる資料」，1945年9月15日〜1945年11月20日，モンゴル国防中央文書館，1-4-117）．モンゴル軍が9月19日に平泉県でソ連軍からうけとった865名分の日本人捕虜にあたえる衣服，食料などの明細は，ボルジギン・フスレ「1945年の日本人のモンゴルへの移送」（『学苑』910号 [昭和女子大学近代文化研究所]，2016年，p.39）を参照。
20 "1945 оны дайнаар японы талаас олзлогдсон цэрэг, офицер болон нас барсан, хүмүүсийн холбогдолтой баримт, акт", Мөн тэнд（前掲「1945年の戦争で捕虜となった日本側の兵士，将校，及び死亡者にかかわる資料」，pp.72, 102）．
21 鈴木雅雄『春なき二年間——ソ聯の秘境ウランバートル収容所』（東京：自由出版社，1948年，pp.47-48）。
22 加倉井文子，前掲『男装の捕虜』（pp.74-75）。内海忠，前掲『モンゴル抑留記——赤い英雄の街』（pp.47-48）。酒井武雄，前掲『この石が食べれたら——モンゴル抑留』（pp.68-69）など。
23 日本人捕虜の移送の業務にたずさわった元モンゴル人民軍第7騎兵師団第20騎兵連隊第4中隊の兵士 H. バザルドルジ（1926年生まれ）の筆者への証言。2014年12月25日，モンゴル国チョイバルサン市（H. バザルドルジ宅）。
24 "1945 оны дайнаар японы талаас олзлогдсон цэрэг, офицер болон нас барсан, хүмүүсийн холбогдолтой баримт, акт", Мөн тэнд（前掲「1945年の戦争で捕虜となった日本側の兵士，将校，及び死亡者とかかわる資料」，pp. 40, 47-48）．

25 "1945 оны дайнаар японы талаас олзлогдсон цэрэг, офицер болон нас барсан, хүмүүсийн холбогдолтой баримт, акт", Мөн тэнд（前掲「1945年の戦争で捕虜となった日本側の兵士，将校，及び死亡者とかかわる資料」, p. 40）.

26 Дашдаваа, Мөн тэнд（Ch. ダシダワー，前掲『モンゴルにおける日本の捕虜』, p. 27）.

27 ボルジギン・フスレ，前掲「日本人のモンゴル抑留についての基礎的研究」(p.4).

28 「捕虜管理庁統計局長大尉アビルメドのソソルバラム宛報告」(1947年10月28日，モンゴル国立中央文書館，273-?-650-13～14，前掲『ドキュメント——日本人のモンゴル抑留：モンゴル歴史中央文書館所蔵資料による』, p. 8). ただし，ソソルバラムが書いた別の報告書では，日本人抑留者の数を1万2,327人としている．「ソソルバラムから閣僚会議宛報告」(1946年，月日は不詳である，モンゴル国立中央文書館，273-1-27-187～196，前掲『ドキュメント——日本人のモンゴル抑留：モンゴル歴史中央文書館所蔵資料による』, p. 43). 春日行雄，前掲『宿願66年モンゴル殉難日本人霊堂——1939～2005』(p. 160).

29 栗原俊雄，前掲『シベリア抑留——未完の悲劇』(p.38). 長勢了治訳，前掲『「シベリア抑留」スターリンの捕虜たち——ソ連機密資料が語る全容』(p.48).

30 小山義士『外蒙帰還者の手記』([前篇] 東京：公安調査庁，1957, pp. 89-91).

31 筆者に対するJ. ヤドマーの談話，2014年5月4日，ウランバートル（J. ヤドマー宅). J. ヤドマーは1920年9月19日生まれ，アルハンガイ・アイマグ出身，1940年にモンゴル人民革命軍に入隊，1945年8月に対日戦に参戦，1959年にモンゴル人民革命軍機関紙『オラーン・オド（赤い星)』編集長，のにちに大佐（文官). ただし，J. ヤドマーの証言によると，1946年に処刑されたのは，スエヤマかソウヤマという日本の特務である．小山義士も同じ刑務所に末山というウラーンチャブ盟特務機関員がいたが，1946年5月以降に姿が消したと証言している（小山義士，前掲『外蒙帰還者の手記』[前篇], pp. 87-88).

32 小山義士は，同じ刑務所にいた，25年の刑にあたえられたKさんというフフホト特務機関員が1947年秋頃に肺結核で獄死したという．小山義士，前掲『外蒙帰還者の手記』([前篇], p. 111). Kさんまちがいなく金森駿である．

33　1945 年 8 月以降の内モンゴル人のモンゴル移住については，ボルジギン・フスレ「内モンゴル 1945 〜 49 年にモンゴルに移住した内モンゴル人」(『20 世紀におけるモンゴル諸族の歴史と文化——2011 年ウランバートル国際シンポジウム報告論文集』東京：風響社，2012 年，pp.255-282) を参照。

34　孫福坤『蒙古簡史新編』(香港：自由出版社，1951 年，p.142)。

35　春日行雄，前掲『宿願 66 年モンゴル殉難日本人霊堂——1939 〜 2005』(p.516)。

36　Я. Шаарийбуу, Б. Намсрай, *Баргын түүхийн тэмдэглэл*, Чойбалсан, 2007, Тал.19 (ヤ・シャーリーボー，B. ナムスライ『ドルノド・アイマグのフルンボイル・ソムの歴史記録』，チョイバルサン，2007 年，p. 19)。また，資料によって，移住者の数も若干ことなる。たとえば，ミャグマルサンボーによれば，234 戸，1,013 人，家畜数は 51,090 頭であったという。Г. Мягмарсамбуу, *Баргын эрх чөлөөний тэмцэл: нүүдэл, суудал*, Улаанбаатар: Соёмбо принтинг, 2007, Тал.137 (G. ミャグマルサムボー『バルガ人の自由のための戦い：移住と研究』ウランバートル：Soyombo printing, 2007 年，p.137)。

37　Arbijiqu, *Üjümüčin Beyile Dorǰi Vang*, Kökeqota: Öbör Mongγol-un Arad-un Keblel-ün Qoriy-a, 2004, p.279 (アルビジフ『ウジュムチン・ベイレ・ドルジ郡王』フフホト：内モンゴル人民出版社，2004 年，p.279)。

38　"Дотоод Монголоос ирсэн хүмүүсийн ажил мэргэжил засан хүмүүжүүлэх газрын үйлдвэрийн төлөвлөгөөний биелэлт Баян-Өлгий аймгаас шалгаруулахаар ирүүлсэн нэрс зэрэг материалууд", 1946 он (「内モンゴルからきたひとびとの専門技能，収容所内の工場における計画遂行状況，調査のためバヤンウルギー県からおくられてきた名簿などの資料」，1946 年，モンゴル人民党中央文書館，4-13-500, p.89)。"Гадаадын харьяат нар тус улсад дагаар орохыг хүссэн тухай материалууд", 1946 он (「わが国に帰化を希望する外国人に関する資料」，1946 年，モンゴル国立中央文書館，1-4-15, p. 140)。

39　Бүрэнбаярын Билэгт, *Даян хааны нэгэн балчирын намтар оршвой*, Улаанбаатар: Урлах Эрдэм, 2015 (ブレンバヤル・ビレグト『ダヤン・ハーンの後裔の一人の伝記』ウランバートル：Urlakh erdem, 2015 年，pp.144-154)。ブレンバヤル・ビレクト述，佐々木健悦編訳・補説『脱南者が語るモンゴルの戦中戦後——1930 〜 1950』(東京：社会評論社，2015 年，pp.192-215)。筆者に対するブレンバヤル・ビレグトの談話，2015 年 5 月 3

日，ウランバートル（ブレンバヤル・ビレグト宅）。ブレンバヤル・ビレグトは1930年1月28日うまれ，内モンゴル・イフジョー盟出身，ダヤン・ハーンという王族の血統をもつ。1944年にデ・ワン政権のモンゴル軍幼年学校に入学，1945年内外モンゴルの統一のために同学校の教官，生徒と一緒にモンゴルに行き，捕虜となる。のちに，ウランバートル第1中学校，モンゴル国立大学でまなび，農業研究所につとめていた。

40　春日行雄，前掲『宿願66年モンゴル殉難日本人霊堂――1939～2005』（pp.73-80, 161）。

41　「捕虜管理庁統計局長大尉アビルメドのソソルバラム宛報告」（1947年10月28日，モンゴル国立中央文書館，273-?-650-13～14，朝日新聞社文化企画局，前掲『ドキュメント――日本人のモンゴル抑留：モンゴル歴史中央文書館所蔵資料による』（p. 51）。

42　ヴィクトル・カルポフ著，長勢了治訳，前掲『「シベリア抑留」スターリンの捕虜たち――ソ連機密資料が語る全容』（p. 274）。

43　春日行雄，前掲『宿願66年モンゴル殉難日本人霊堂――1939～2005』（pp.73-80）。

44　春日行雄，前掲『宿願66年モンゴル殉難日本人霊堂――1939～2005』（p.77）。

45　"1945 оны дайнаар японы талаас олзлогдсон цэрэг, офицер болон нас барсан, хүмүүсийн холбогдолтой баримт, акт", Мөн тэнд （「1945年の戦争でつかまった日本軍捕虜，及び死亡者とかかわる資料」，p.29）。

46　春日行雄，前掲『宿願66年モンゴル殉難日本人霊堂――1939～2005』（p.80）。

47　"1945 оны дайнаар японы талаас олзлогдсон цэрэг, офицер болон нас барсан, хүмүүсийн холбогдолтой баримт, акт", Мөн тэнд （「1945年の戦争でつかまった日本軍捕虜，及び死亡者とかかわる資料」，p.36）。

48　外務省『終戦史録』（［下巻］東京：新聞月鑑社，1952年，p.507）。

49　長勢了治，前掲『シベリア抑留全史』（p.102）。栗原俊雄，前掲『シベリア抑留――未完の悲劇』（p.38）。

50　"Олзлогдсон Япон цэргийн болон бусад хүмүүсийн бичсэн өргөдөл, холбогдох бусад баримт бичиг", 1935-46 он （「日本軍捕虜およびほかの者が書いた嘆願書，関連書類」，1935～46年，モンゴル外務省中央文書館，59-1-31, pp.18-19, 22-37）。

51　加倉井文子，前掲『男装の捕虜』（pp.75, 79-80）。春日行雄，前掲『生命あ

る灯』(pp.18, 28-30, 34, 40-41)。など。

52 "Монгол олзлогдож амь үрэгдсэн Япон цэргийн бүртгэл"(「モンゴルの捕虜になった日本軍死亡者名簿」, モンゴル国立中央文書館, 273-2-2)。「捕虜管理庁長官命令40号」(1947年2月25日, モンゴル国立中央文書館, 273-1-63-51～14, 朝日新聞社文化企画局, 前掲『ドキュメント——日本人のモンゴル抑留：モンゴル歴史中央文書館所蔵資料による』, p.3)。

53 加倉井文子, 前掲『男装の捕虜』(pp.219-280)。

54 オーホノイ・バトサイハン著, 岡洋樹訳「モンゴルにおける日本兵捕虜」(『モンゴルと日本』第39巻第2号, 2005年, pp. 56-72)。

55 「閣僚会議でおこなわれた指導および経営に携わる者への演説」, モンゴル国立中央文書館, 1-4-67-119～126, モンゴル国立中央文書館, 273-1-12-37, 朝日新聞社文化企画局, 前掲『ドキュメント——日本人のモンゴル抑留：モンゴル歴史中央文書館所蔵資料による』(p. 1)。

56 「小議会幹部会第87会議決定」(同上, p. 5)。

57 "Олзлогдсон цэргүүдийг байрлуулах талаар байгуулсан Засгийн газрын комиссын 1945 оны 10-дугаар сарын 3-ны өдрийн 3-дугаар тогтоол", Мөн тэнд (前掲「捕虜収容に関して設置された政府委員会の1945年10月3日の第3回会議の決定」, pp.114-119)。

58 "Олзлогдсон цэргүүдийг байрлуулах тухай", 1945 он (「捕虜の収容について」, 1945年, モンゴル人民党中央文書館, 4-12-31, p.112)。

59 ボルジギン・フスレ, 前掲「日本人のモンゴル抑留についての基礎的研究」(p.4)。

60 長勢了治訳, 前掲『「シベリア抑留」スターリンの捕虜たち——ソ連機密資料が語る全容』(p.529)。

61 ボルジギン・フスレ「日本人抑留者の帰還をめぐる国際関係についての一考察」(『学苑』第895号 [昭和女子大学近代文化研究所], 2015年, p.50)。

62 川端康成「東京裁判判決の日」(『川端康成全集第12巻 純粋の聲』東京：新潮社, 1961年, pp.273-277)。

参考文献

(モンゴル語)

Arbijiqu, *Üjümüčin Beyile Dorǰi Vang*, Kökeqota: Öbör Mongγol-un Arad-un Keblel-ün Qoriy-a, 2004（アルビジフ『ウジュムチン・ベイレ・ドルジ郡

王』フフホト：内モンゴル人民出版社，2004 年).

Бүрэнбаярын Билэгт, *Даян хааны нэгэн балчирын намтар оршвой*, Улаанбаатар: Урлах Эрдэм, 2015 (ブレンバヤリーン・ビレグト『ダヤン・ハーンの後裔の一人の伝記』ウランバートル：Urlakh erdem, 2015 年).

Ч. Дашдаваа, *Японы олзлогдогсод Монголд*, Улаанбаатар: Бэмби сан, 2013 (Ch. ダシダワー『モンゴルにおける日本の捕虜』ウランバートル：Bembi san, 2013 年).

"Дотоод Монголоос ирсэн хүмүүсийн ажил мэргэжил засан хүмүүжүүлэх газрын үйлдвэрийн төлөвлөгөөний биелэлт Баян-Өлгий аймгаас шалгаруулахаар ирүүлсэн нэрс зэрэг материалууд", 1946 он (「内モンゴルからきたひとびとの専門技能，収容所内の工場における計画遂行状況，調査のためバヤンウルギー県からおくられてきた名簿などの資料」, 1946 年, モンゴル人民党中央文書館, 4-13-500).

"Гадаадын харьяат нар тус улсад дагаар орохыг хүссэн тухай материалууд", 1946 он (「わが国に帰化を希望する外国人に関する資料」, 1946 年, モンゴル国立中央文書館, 1-4-15).

Ч. Лувсан-Очир, *Дайны дараа Монголд байсан Япончуудын хувь заяа*, Улаанбаатар, 1998 (Ch. ロブサンオチル『戦後モンゴルにいた日本人の運命』, ウランバートル, 1998 年).

"1945 оны дайнаар японы талаас олзлогдсон цэрэг, офицер болон нас барсан, хүмүүсийн холбогдолтой баримт, акт", 1945. 9. 15-1945. 11. 20 (「1945 年の戦争で捕虜となった日本側の兵士，将校，及び死亡者とかかわる資料」, 1945 年 9 月 15 日～1945 年 11 月 20 日, モンゴル国防中央文書館, 1-4-117).

"Монголд олзлогдож амь үрэгдсэн Япон цэргийн бүртгэл" (「モンゴルの捕虜になった日本軍死亡者名簿」, モンゴル国立中央文書館, 273-2-2).

Г. Мягмарсамбуу, *Баргын эрх чөлөөний тэмцэл: нүүдэл, суудал*, Улаанбаатар: Соёмбо принтинг, 2007 (G. ミャグマルサムボー『バルガ人の自由のための戦い：移住と研究』ウランバートル：Soyombo printing, 2007 年).

"Олзлогдсон цэргүүдийг байрлуулах талаар байгуулсан Засгийн газрын комиссын 1945 оны 10-дугаар сарын 3-ны өдрийн 3-дугаар тогтоол" (「捕虜収容に関して設置された政府委員会の 1945 年 10 月 3 日の第 3 回会議の決定」, モンゴル人民党中央文書館, 4-12-31, 114～119).

"Олзлогдсон цэргүүдийг байрлуулах тухай", 1945 он (「捕虜の収容について」,

1945 年, モンゴル人民党中央文書館, 4-12-31, 112).

"Олзлогдсон Японцэргийн болон бусад хүмүүсийн бичсэн өргөдөл, холбогдох бусад баримт бичиг", 1935-46 он (「日本軍捕虜およびほかの者が書いた嘆願書、関連書類」, 1935 〜 46 年, モンゴル外務省中央文書館, 59-1-31).

"Олзлогдсон япон цэргүүдийн холбогдолтой байнга хадгалах хадгаламжийн нэгтийн нэгжийн бүртгэл, 1945-66"(「日本軍捕虜と関係する永久保管資料, 1945 〜 66 年」, モンゴル国立中央文書館, 273-1-25-1 〜 58).

С. Товуудорж, *Монголд олзлогдсон Японэмч*, Улаанбаатар: Хөх судар, 2007 (S. トボードルジ『モンゴルの捕虜になった日本医者』ウランバートル: Khökh sudar, 2007 年).

Я. Шаарийбуу, Б. Намсрай, *Баргын түүхийн тэмдэглэл*, Чойбалсан, 2007 (ヤ・シャーリーボー、B. ナムスライ『ドルノド・アイマグのフルンボイル・ソムの歴史記録』, チョイバルサン, 2007 年).

(中国語)
孫福坤『蒙古簡史新編』(香港:自由出版社, 1951 年).

(日本語)
朝日新聞社文化企画局『ドキュメント——日本人のモンゴル抑留:モンゴル歴史中央文書館所蔵資料による』(東京:朝日新聞社, 1995 年).
青木雅浩「日本人のモンゴル抑留に関するモンゴルの公文書史料について」(『近現代東北アジア地域史研究会ニューズレター』第 25 号, 2013 年).
内海忠『モンゴル抑留記——赤い英雄の街』(石巻:私家版, 1989 年).
エレーナ・カタソノワ著、白井久也監訳『関東軍兵士はなぜシベリアに抑留されたのか』(東京:社会評論社, 2004 年).
オーホノイ・バトサイハン著、岡洋樹訳「モンゴルにおける日本兵捕虜」(『モンゴルと日本』第 39 巻第 2 号, 2005 年).
加倉井文子『男装の捕虜』(東京:有楽出版社, 1949 年).
春日行雄『生命ある灯』(東京:総文閣, 1950 年).
春日行雄『宿願 66 年モンゴル殉難日本人霊堂——1939 〜 2005』(岐阜・海津:私家版, 2006 年).
川端康成「東京裁判判決の日」(『川端康成全集第 12 巻 純粋の聲』東京:新潮社, 1961 年).

外務省『終戦史録』（［下巻］東京：新聞月鑑社，1952年）．
久保田設司『モンゴル虜囚』（東京：善本社，1983年）．
栗原俊雄『シベリア抑留――未完の悲劇』（東京：岩波書店［岩波新書］，2009年）．
小山義士『外蒙帰還者の手記』（［前篇］東京：公安調査庁，1957～1958年）．
斎藤六郎『シベリアの挽歌――全抑留会長の手記：関東軍文書，ソ連対日戦文書一挙掲載』（鶴岡：終戦史料館出版部，1995年）．
酒井武雄『この石が食べれたら――モンゴル抑留』（茨城：私家版，2002年）．
サンボーギーン・トボードルジ著，木村理子訳，春日行雄，D. フフ，Ts. チョイジルスレン監修『モンゴルにきた日本のサムライ』（神奈川・横浜：私家版，2008年）．
白井久也「国際法から見た日本人捕虜のシベリア抑留」（『ロシア・東欧学会年報』第23巻［東海大学平和戦略国際研究所］，1994年）．
鈴木雅雄『春なき二年間――ソ聯の秘境ウランバートル収容所』（東京：自由出版社，1948年）．
ソ連における日本人捕虜の生活体験を記録する会『捕虜体験記 VI――ザバイカル地方・モンゴル篇』（東京：私家版，1988年）．
髙橋兼城『我が青春のあしあと――モンゴル抑留の記録』（東京：文芸社，2009年）．
富田武「ロシア資料が語る抑留――ソ連・モンゴル」（『季刊中帰連』第51号，2012年）．
長島秀夫『モンゴル俘虜生活800余日』（札幌：私家版，2002年）．
長澤淑夫『シベリア抑留と戦後日本――帰還者たちの闘い』（東京：有志社，2011年）．
長勢了治『シベリア抑留全史』（東京：原書房，2013年）．
二木博史「日本人モンゴル抑留の歴史的背景」（『日本とモンゴル』第30巻第1号，1995年）．
二木博史「日本人モンゴル抑留問題の再検討：基本的文書史料の紹介」（ボルジギン・フスレ編『日モ関係の歴史，現状と展望――21世紀東アジア新秩序の構築にむけて』東京：風響社，2016年）．
ブレンバヤル・ビレクト述，佐々木健悦編訳・補説『脱南者が語るモンゴルの戦中戦後――1930～1950』（東京：社会評論社，2015年）．
ボルジギン・フスレ「内モンゴル1945～49年にモンゴルに移住した内モンゴル人」（『20世紀におけるモンゴル諸族の歴史と文化――2011年ウランバートル国際シンポジウム報告論文集』東京：風響社，2012年）．

ボルジギン・フスレ「日本人のモンゴル抑留についての基礎的研究」(『学苑』第886 号［昭和女子大学近代文化研究所］, 2014 年).

ボルジギン・フスレ「日本人抑留者の帰還をめぐる国際関係についての一考察」(『学苑』第 895 号［昭和女子大学近代文化研究所］, 2015 年).

ボルジギン・フスレ「1945 年の日本人のモンゴルへの移送」(『学苑』910 号［昭和女子大学近代文化研究所］, 2016 年).

ボブレニョフ・ウラジーミル・アレクサンドロビチ著述, ザイカ・レオニード・ミハイロビチ監修『シベリア抑留秘史：KGB の魔手に捕われて』(鶴岡：終戦史資料館出版部, 1992 年).

ヴィクトル・カルポフ著, 長勢了治訳『「シベリア抑留」スターリンの捕虜たち：ソ連機密資料が語る全容』(札幌：北海道新聞社, 2001 年).

付録

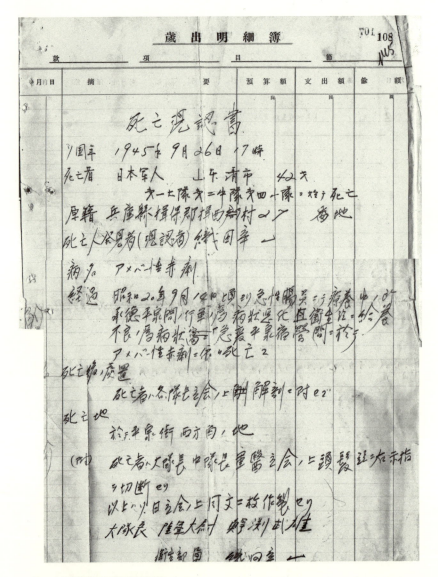

写真1　山本清市の「死亡現認書」
（モンゴル国防中央文書館所蔵）

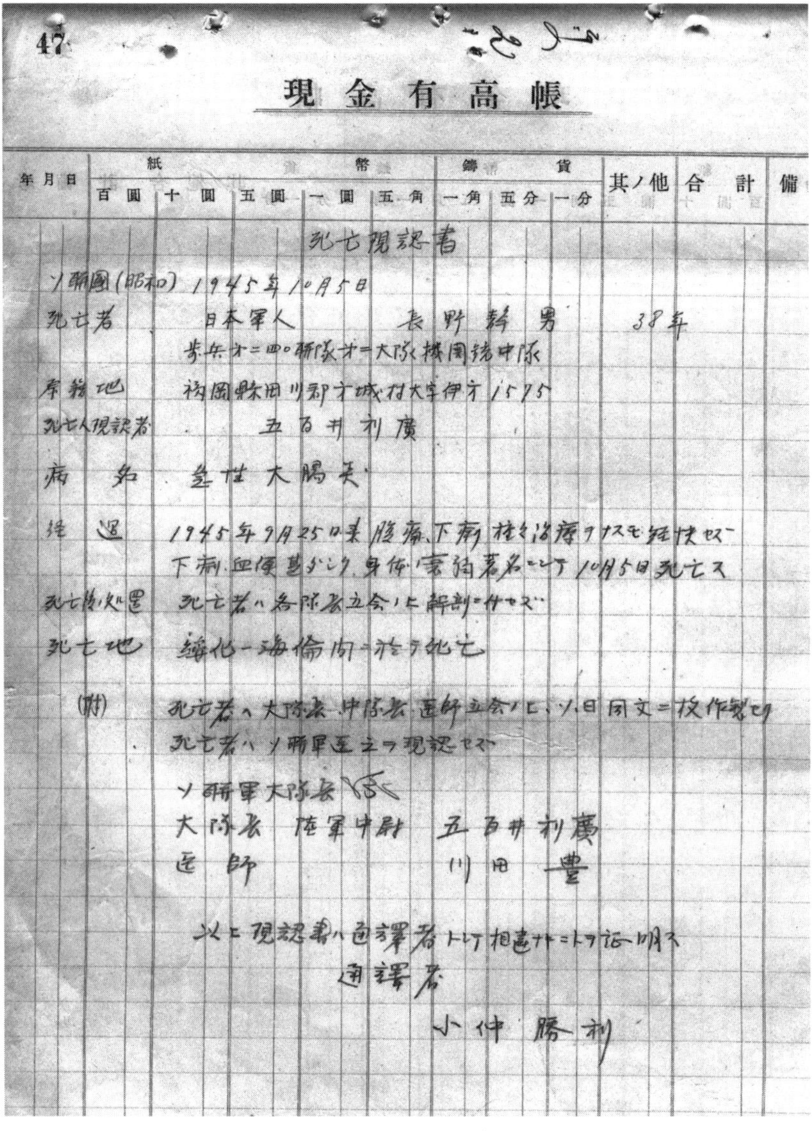

写真2　長野静男の「死亡現認書」
（モンゴル国防中央文書館所蔵）

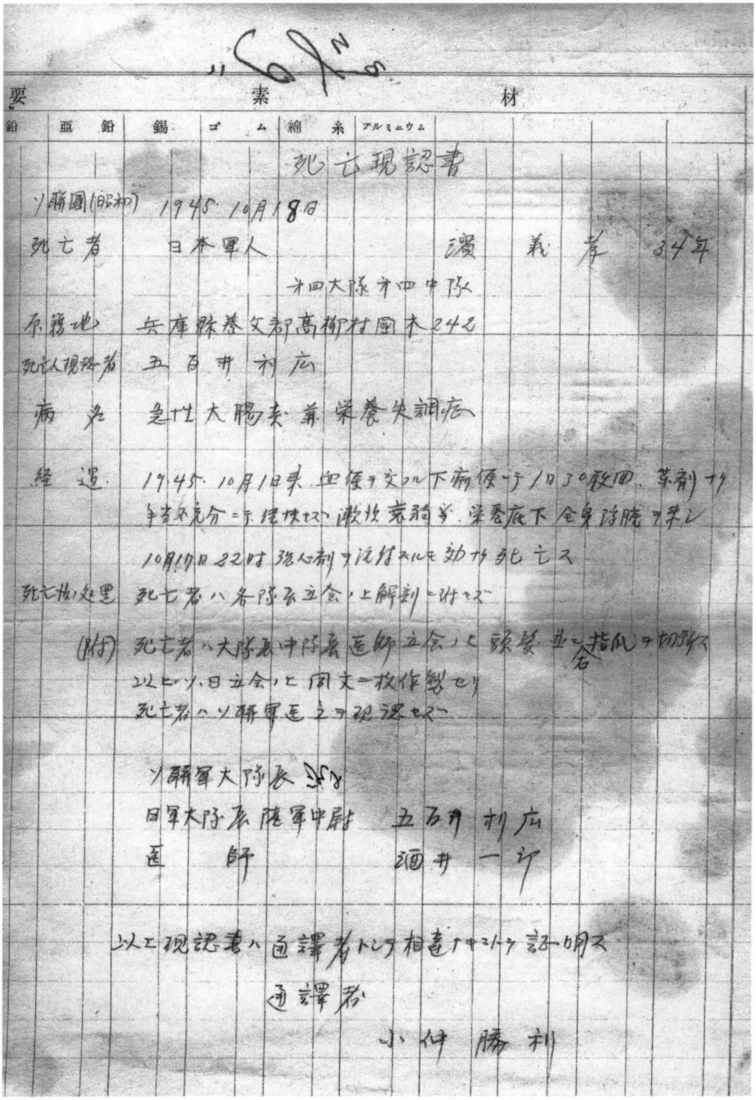

要			素		材	
鉛	亜鉛	錫	ゴム	綿糸	アルミニウム	

死亡現認書

ソ聯国(旧満州) 1945. 10月18日

死亡者　日本軍人　　濱　義孝　34年
　　　　第四大隊 第四中隊

原籍地　兵庫県多紋郡高柳村岡本242

死亡現認者　五百井利広

病名　急性大腸炎 兼 栄養失調症

経過　1945. 10月1日来、虫垂ヲ交ヘル下痢便ヲナシ1日30数回、薬剤ナキ為充分ニ手當出来ズ、激放衰弱甚ダ、栄養底下全身浮腫ヲ呈シ10月18日 22時強心剤ヲ注射サレ効ナク死亡ス

死亡後処理　死亡者ハ各隊長立会ノ上解剖ニ付ス

(附) 死亡者ハ大隊長中隊長軍医助ノ立会ノ上、隊長並ニ指示ヲ仰グ
以上ノ日立会ノ上同文一枚作製セリ
死亡者ハソ聯軍医ヲモ立会セリ

ソ聯軍大隊長　〔署名〕
日軍大隊長 陸軍中尉　五百井利広
医師　　　　　　酒井一郎

以上現認書ハ通訳者トシテ相違ナキコトヲ証明ス
　　　　通訳者
　　　　　　　小仲勝利

写真3　濱義孝の「死亡現認書」
（モンゴル国防中央文書館所蔵）

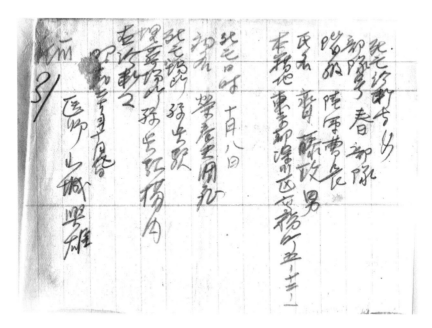

写真4　斉藤政男の「死亡診断書」
（モンゴル国防中央文書館所蔵）

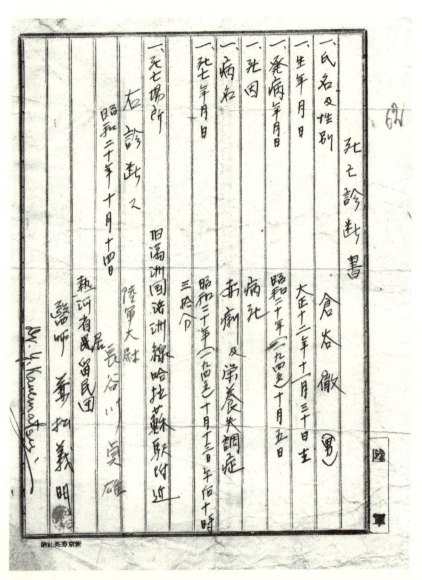

写真5　倉谷徹の「死亡診断書」
（モンゴル国防中央文書館所蔵）

[付記]
本論文はJSPS科研費助成 基盤研究（C）「日本人のモンゴル抑留に関する総合的研究」（課題番号26360024）の成果の一部であり、『学苑』910号に掲載された拙稿「1945年の日本人のモンゴルへの移送」にもとづいて書きなおしたものである。

第 6 章
モンゴル・日本両国の関係とモンゴルに残された日本軍将兵の遺骨について

ガリンデヴ・ミャグマルサムボー（Galindev Myagmarsambuu）

　第2次世界大戦の終結によって捕虜となり，ソ連とモンゴル人民共和国に抑留された日本軍将兵の研究は，近年精力的に行われるようになった。この抑留者の問題は，何千人もの人々の生活と運命だけでなく，国際関係とも関係する複雑な問題である。よって，この問題は，多方面から詳細に研究する必要がある。今回のこの会議は，1945年から1947年に，モンゴル人民共和国で強制労働をさせられた日本軍将兵についての研究をさらに深め，将来の研究の方向性を明確にする，よい機会になることは間違いない。この興味深い会議に招待してくださった日本の昭和女子大学の皆様方，とくにフスレ先生に深く感謝の意を表したい。私は，2013年，日本学術振興会の招待で，この昭和女子大学に3か月客員研究員として研究を行い，今日またこの大学に戻り，この会議に参加できたことに感動し，とてもうれしく思っている。これは，私にとって名誉なことであり，私に信頼を置いて支持してくださる，ここにおいですべての皆様方に，もう一度感謝しお礼を申し上げたい。

　モンゴル人民共和国にいた日本人抑留者についての研究が，1990年代以降，新しい段階に入ったということは，周知のことであろう。この時期に研究者たちは，抑留者が戦場からどのようにモンゴルに連行されたか，モンゴル人民共和国に抑留されている間，どのような環境で生活していたのか，どんな仕事をしていたのか，2年間に何人の日本人将兵がどんな理

由で命を落としたのか,生き残った将兵をいつどのように帰還させたのかなど,かなり具体的に研究してきた[1]。この日本人捕虜の問題が,モンゴル・日本両国の関係史において,重要な位置を占めていることには,理由があるということを,ここで強調したい。そして,今回の報告では,この日本人捕虜の問題を,両国の関係交流史と結びつけて論じてみたい。

モンゴル人民共和国小ホラル幹部会と人民政府閣僚会議の特別合同会議が,1945年8月10日に開かれ,モンゴル人民共和国が日本に宣戦布告することが決まった。この宣戦布告には,モンゴルが対日本戦争に参戦する,歴史的背景,方針,目的について,以下のように述べている。

> モンゴル人民は,自分たちの自由で独立した国のために闘い,モンゴル諸民族がひとつの国家にまとまり,隣国と友好的に共存することを願ってきた。

と,まず背景について述べ,

> ソ連との間に1936年3月13日に結ばれた,相互援助議定書に示されている義務を遂行するため,また,
> 共通の敵を殲滅せんとする,自由を願う全世界の人民と,連合国の行為に,わが国が貢献するため……

としている。[2]

しかしながら,モンゴル人民共和国が,参戦時においては,日本兵を捕虜としてモンゴルで強制労働させる方針をとっていなかったということは,強調されてよい。ソ連についても,日本の捕虜を自国に連行するという方針が決まったのは,戦争開始後であると,複数の研究者が書いている[3]。

内モンゴル解放戦争の過程で,モンゴル人民共和国の指導者たちを悩

ませた，予想外の問題のひとつが，この「捕虜」の問題であった。まず述べたいのは，1945年秋に「捕虜」という名目でモンゴル人民共和国に連れてこられた，バルガ（フルンボイル），内モンゴルの若者たちのことである。モンゴルとソ連の軍指導部は，バルガと内モンゴルが解放された後，日本軍に徴用されていたおおくの若者を，その地域の権力者を介して呼び集めた。そして，軍の学校で学ばせるという口実で，モンゴル人民共和国に連れて行き，刑務所に収容したのだった。全部で2,319名の若者が，こうして「捕虜」となり[4]，ウランバートルとチョイバルサンなどに収容され，強制労働に就かされ，1947〜48年に解放された。このことについて，私は2009年に論文を書いたが[5]，それ以降この問題についての研究はない。よって，「日本人の抑留問題」のほかに「モンゴル人の抑留問題」も研究されるべきだと述べておきたい。

　戦後，モンゴル人民共和国に「抑留された兵士」を構成するもうひとつの部分が日本人捕虜である。モンゴル人民共和国は，1945年11月12月に，12,318名の日本人捕虜を受け入れた。彼らは，セレンゲ，トゥブ，アルハンガイ，ヘンティーの各県とウランバートル市に分散され，建築，木材加工，鉱山などで重労働をさせられた。さらに，1945年の解放戦争の戦前・戦中に捕まった8人の日本兵も，モンゴル人民共和国に拘束されていた。つまり，1945年末の時点で，モンゴル人民共和国には，12,326名の日本兵がいたのである。それに，「捕虜」という言葉で言及されるバルガと内モンゴル軍兵士も含めれば，戦後モンゴル人民共和国には，約14,500名の捕虜がいたことになる。モンゴル人民共和国に抑留されていた日本人将兵については，ほかの報告にもくわしく述べられている。しかし，私はつぎの2点だけ強調したい。

1. 日本と日本人についてのモンゴル人の理解と日本人捕虜

　1920年代半ばから，モンゴルには共産主義思想が強力に広がったが，この思想の中心となるテーマが，「日本の脅威」であった。歯にいたるま

で武装した日本の軍国主義者たちが,いつかモンゴルを征服してやろうと狙っているという宣伝が,モンゴル人民共和国では,長い間強力に行われてきた。また,「日本のスパイ」「日本の手先」である破壊分子を一掃するという口実で,1937年から1938年だけで,国内で2万人以上が逮捕され,そのほとんどが死刑になった。その中には,当時のモンゴルの政治と軍の最高指導者のほぼ全員が含まれていた。1939年日本の関東軍がハルハ河においてモンゴル人民共和国の領土を侵犯したことによって,上のプロパガンダの内容すべてが真実であるかのような理解がモンゴル人に生まれただけでなく,ソ連の指令を受けて粛清を指導したチョイバルサン元帥とソ連の評価が非常に高まることになった。このように,モンゴル人が日本と日本人を恐ろしい「岩山に棲む怪物」のように想像している,まさにその時代に,彼ら12,318名の日本人捕虜は,モンゴル人民共和国に連れてこられたのである。彼らのことは,モンゴル人の興味をおおいに引き,モンゴル人のすべてではないが,一部の人びとに,日本人と直接会って彼らの本当の姿に触れる機会を与えた。戦争の厳しい状況を乗り越え,異国の土地で,重労働を強いられ,疲れ果てた,若い日本人たちを見たモンゴル人は,胸が痛み,心が引き裂かれる思いがするとともに,日本人の勤勉で一生懸命な姿,高い教養,礼儀正しさ,人なつこい性格に触れることができたのであった。つまり,日本人捕虜がモンゴル人民共和国に連れてこられたことによって,モンゴル人の,日本という国,日本人に対する理解やイメージが変化し,新しい理解とイメージを生んだのである。このことが両国の国民がお互いに近づき友好な関係が築かれるきっかけになったと結論できる。

2. モンゴルとモンゴル人についての日本人捕虜の認識と試練

日本人捕虜が,モンゴル人民共和国にやって来た時,モンゴルとモンゴル人についてどのような認識を持っていたのか,明らかにすることはできない。しかし,彼らの大部分が,内モンゴルで,一定の期間兵役について

いたので，モンゴル人について何らかのイメージは持っていたことだろう。また，モンゴル人民共和国がソ連の衛星国であり，共産主義の脅威が現実となった「共産主義体制」の国であることも，よく理解していたことは確かである。それゆえ，敗戦を受け入れ，捕虜となり，モンゴル人民共和国に来たことで，彼らは大きな心理的圧迫を感じていたことは，間違いない。彼らは，2年間モンゴル人民共和国に抑留され，強制労働を強いられるという困難な道を歩んだ。日本人捕虜の前に立ちはだかった，最もむずかしい困難は，第1に，心理的苦痛，第2に，モンゴルの変化の激しい気候，とくに冬の耐えられない程の寒さ，第3に食事と居住環境の劣悪さ，第4に病気等があげられる。しかし，彼らの大多数は，そのような生活上の厳しい試練を乗り越え，無事日本に帰国できた。帰国した彼らの胸の中からは，広大なモンゴルの地と，心のひろいモンゴル人の姿は，ずっと消えることはなかった。このことが，後年モンゴル・日本両国の交流が発展する際，しかるべき役目を果たすことになったのである。それは，故春日行雄医師の人生と彼の功績が証明している。

　以上述べたことをまとめると，日本人捕虜がモンゴルに来たことによって，モンゴル・日本両国，また両国民を長い年月隔てていた重い扉がはじめて開き，モンゴル・日本両国民がお互いに相手のことを知り，遠かった関係が縮まり友となる，この素晴らしい時代がやって来たのである。

　モンゴル人民共和国に抑留されていた2年間の間に，1,615名が，病気などの原因で亡くなった。生存者の10,703名に，それ以前からモンゴルに拘束されていた2名を加え，10,705名の日本人捕虜が，1947年モンゴル人民共和国からソ連に引き渡された。1947年10月10日から10月26日までに，ウランバートルから12回に分けて国境まで輸送され，ソ連側に引き渡されたのである（**表1参照**）[6]。

　前世紀半ばの国際関係の好転も，モンゴルと日本の関係に影響を与えた。ソ連と日本の関係が正常化し，1956年外交関係が樹立された。このことは，モンゴルの指導者たちに日本との関係を見直す機会を与えた。モンゴ

表1　1947年モンゴル人民共和国からソ連に引き渡された捕虜数

	UB出発日	UBから輸送された捕虜	輸送中加わった捕虜	輸送中損失	国境で引き渡された捕虜
第1次	1947.10.10	1,019			1,019
第2次	1947.10.16	1,012		死亡　1 病気のため残留　1	1,010
第3次	1947.10.17	1,006			1,006
第4次	1947.10.18	1,000		死亡　1	999
第5次	1947.10.19	976	セルベ　24 第2次残留　1		1,001
第6次	1947.10.20	988			988
第7次	1947.10.21	973		死亡　1	972
第8次	1947.10.22	739			739
第9次	1947.10.23	900		死亡　1	899
第10次	1947.10.25	801			801
第11次	1947.10.26	1,041	アルタンボラグ輸出基地　2	死亡　2	1,039
計		10,455	257	7	10,705

ル人民共和国閣僚会議議長 Yu. ツェデンバルは，1956年4月，日本の共同通信のインタビューで，モンゴルが日本と外交関係を結ぶ用意があることを表明し，モンゴルに残された日本人兵士の遺骨を日本に返すことを否定しないと述べている。モンゴル人民共和国指導者が，1957年5月ソ連を公式訪問した際発表された共同コミュニケには，「ソ連と日本両国間の外交関係が復活したことをモンゴル人民共和国政府は歓迎するとともに，モンゴル人民共和国と日本両国間の関係正常化の問題について，日本国政府と協議をする用意がある」と述べられている。これと同時に，モンゴル人民共和国は，国際社会に加わるため継続して努力するとともに，国際条約に加入するようになった。例えば，1957年11月12日，モンゴル人民共和国閣僚会議は，戦争犠牲者保護についてのジュネーブ条約に加入する決定をした。

　日本の団体や個人も，モンゴル人民共和国と交流をむすび，モンゴルに残された日本人兵士の遺骨を調査することに関心を向けるようになった。例えば，日本赤十字社は，1954年1月，モンゴル人民共和国首相 Yu. ツェデンバルに書簡を送り，モンゴル人民共和国に日本人捕虜約

表2 日本人捕虜埋葬地

No.	市・県	埋葬地地名	日本人遺骨数		
			1966.3.21	1966.5.2	1976
1	ウランバートル市	ダンバダルジャー	835	835	835
2		ホジルボラン	252	252	252
3		ナライハ	12	12	12
4		ショホイ・ツァガーン・ボラグ	10	10	10
5	トゥブ県	オグタールジャルガラント	33	33	35
6		ボルノール、ウフルチョロート	35	5	4
7		アルホスタイ	5	35	33
8		バトスンベル	2	2	2
9	セレンゲ県	スフバータル市	198	196	198
10		アルタンボラグ	8	8	8
11		ズーンハラー	44	44	44
12		バローンハラー	43	43	43
13		ユルー	96	96	96
14		ズーンブレン	1	19	19
15	その他	ヘンティー県バルジ	1	5	1
16		アルハンガイ県ウギー湖	5	5	5
	計		1,580	1,588	1,597

100名が残っているという情報を確認してほしいと依頼している。また，1964年には，東京で日本モンゴル協会が設立され，モンゴル赤十字に対して，死亡した捕虜の遺骨のある場所を訪問し慰霊したいという要望をするようになった。また，日本平和をまもる会（現日本平和委員会）と原水爆禁止日本協議会が，モンゴル平和友好委員会に対し，毎年日本で開催される原水爆禁止世界大会に参加を呼びかけ，1956年からモンゴル人民共和国は代表を送るようになった。

　上に述べた状況と連動して，モンゴル人民共和国の政府と団体は，1950年代末からモンゴルにある日本人兵士の墓地に関する問題に関心をむけるようになり，モンゴルで亡くなった日本人兵士の遺骨の数を調査し，墓地を整備する事業を着々と進めてきた。

　モンゴル人民共和国に抑留され死亡した日本人兵士の数をどのように特定したかについて述べよう。モンゴル赤十字社の国際問題担当学術書記だったワンダンイシが，1966年3月21日，モンゴル外務省第2課課長

地図　日本人捕虜埋葬地

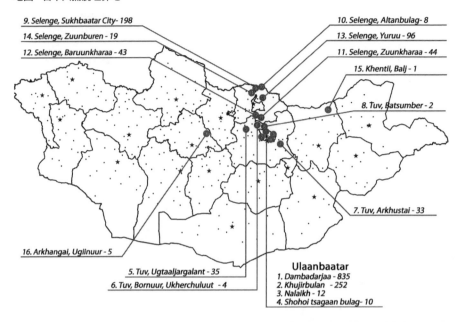

ツェレンツォードルに，日本人兵士の埋葬された場所，遺骨の数を調査した文書を送った[7]。そのすぐ後の1966年5月25日，モンゴルで死亡した日本人兵士の遺骨の数や埋葬場所に若干の矛盾があるのが見つかり，これを正すべく，モンゴル赤十字社社長D.トゥメンデルゲル，副社長D.サムスレン，社会公安庁職員ゴンゴル，モンゴル赤十字社学術書記ワンダンイシらが，日本人兵士の遺骨がどこにあり，何柱あるのかを詳細に調査し，具体的な地名の分かる15か所に1,615体の遺骨があるという調査結果を出した[8]。さらに，モンゴル赤十字社執行委員会委員長D.トゥメンデルゲルは，1976年にモンゴル人民革命党中央員会に，日本人捕虜の埋葬地に関する公式文書を提出した（表2参照）。

　表2にあるとおり，最初とその次の報告では，モンゴル人民共和国で死亡した兵士の数が少なく報告されていた。モンゴル赤十字社は，何度も日本人兵士の遺骨の調査を現地で行うとともに，公文書館の資料を精査し

た結果，モンゴル人民共和国に抑留されていた，日本人兵士で死亡またはその他の理由でいなくなった1,615名のうち，1,597名が，具体的に地名の分かる16か所に埋葬されたことを明らかにしたのである。その内訳は，ウランバートル市の4か所に1,109体，トゥブ県の4か所に74体，セレンゲ県の6か所に408体，ヘンティー県に1体，そして，アルハンガイ県に5体である（**地図**を参照）。

　1962年5月16日，モンゴル人民共和国閣僚会議は，「日本人捕虜墓地の整備・保護について」という閣議決定を出した。この決定は，ウランバートル市のダンバダルジャー，ホジルボラン，セレンゲ県スフバートル市とユルーにある日本人捕虜の遺骨を整備し，常時保護することを，ウランバートル市，トゥブ県，セレンゲ県の各人民代表議会執行機関に命じている[9]。この決定にしたがい，特別委員会が組織され，モンゴルで死亡した日本人兵士の墓がどこにあり，何体あるかを実地に調査し報告する事業が実施された。

　1963年ウランバートル市都市整備局局長ドゥルゼン，外務省課長ツェレンツォードル，モンゴル赤十字社課長オラムサイン，トゥブ県服務局局長ヤダム，同県赤十字委員会副委員長バイガルマーらが，ウランバートル市周辺とトゥブ県にあった墓地を発見し，整備する案を作成した[10]。日本人捕虜は，ホジルボラン，ダンバダルジャー，ショホイ・ツァガーン・ボラグ，ナライハ，トゥブ県のアルホスタイ，ジャルガラント，ボルノールのウヘル・チョロートで働いていた[11]。

　1966年5月，この日本人捕虜埋葬問題を解明する委員会は，セレンゲ県で活動をおこなった。当委員会は，セレンゲ県のスフバートル市，アルタンボラグ市，ズーンハラー，ユルー，バヤンゴルなどの場所におもむき，土地の人々と面会し，日本人捕虜を埋葬した場所を特定し，そこに何体の遺骨が埋葬されているか確認した[12]。そして，委員会は，日本人捕虜墓地を整備・保護する問題に関して，見解と予算案をまとめた。

　1966年8月24日，モンゴルに残された日本人捕虜の遺骨のある場所

表 3　第 1 次墓参団遺族代表リスト（1966 年）

	姓名	性別	職業	続柄・名前	説明	遺骨番号
1	セノ・マサミ	男	農業技師	父セイジ	病院で死亡	No. 744
2	タカハシ・タケ	女	公務員	夫テツロ	病院で死亡	No. 139
3	サカタ・コザブロ	男	商業	息子ヒサオ	病院で死亡	No. 108
4	アサイ・マサミ	男	商店事務	父ショザブロ	病院で死亡	No. 702
5	クワバラ・カツヒコ	男	会社員	父カズオ	ホジルボランで死亡	No. 90
6	オオノギ・エイコ	女	地主	夫ヒロシ	病院で死亡	No. 646
7	ツボサカ・ミチコ	女	農協職員	父イチロ	スフバータルで死亡	No. 36
8	カシワバラ・シンイチロ	男	教師	父キミヨシ	ウランバートルで死亡	不明

を訪問する，日本から初めての大型公式代表団が，モンゴル人民共和国を来訪した[13]。モンゴル人民共和国政府は，この代表団の待遇に格別の配慮をし，特別委員会を設置した。日本代表団の団長は，衆議院議員長谷川峻，団員 17 名には，モンゴルで亡くなられた日本人兵士遺族代表のほか，モンゴル抑留者代表として春日行雄医師，また衆議院議員受田新吉氏，外務省職員秋保光孝，花田麿公の両氏がいた（**表 3** 参照）。

　代表団は，ウランバートルに着いた当日，モンゴル赤十字社執行委員会の招待を受け，トゥメンデルゲル社長と面会した。この面会で，モンゴルで亡くなられた日本兵の遺族を代表して参加された方が，「わたしたちは，この日を 3 年間待ち続けました。ここで亡くなられた方々の父，夫，子供たちの，最初の代表として，ここにやってまいりました。長く待ったかいがあって，今ここに来ることができて，よろこんでいます」と感謝の言葉を述べた。この証言から，この代表団が 1963 年から，モンゴル人民共和国を訪問しようとしていたことが分かる。あきらめずずっと努力し続けた結果，モンゴルの地に足をおろすことができたのである。

　代表団は，同年 8 月 25 日ダンバダルジャーとホジルボランにある墓地を訪れ，亡くなられた兵士たちの遺骨を前に祈り，「あなた方の祖国日本は，復興しました！どうか安らかに眠って下さい。モンゴル戦没者協会」と書かれた碑を建てた。

　代表団のうち 2 名は，8 月 26 日セレンゲ県を訪問したが，そのうちの

表4　第1次墓参団日程（1966年）

8月24日	12:00	ウランバートル到着		
8月24日	15:00-15:40	モンゴル赤十字社執行委員会訪問、同社社長D・トゥメンデルゲル氏と面会		
8月24日	16:00-17:40	美術館見学		
8月25日	ダンバダルジャー、ホジルボランの日本人捕虜墓地墓参、慰霊			
8月25日	9:45-12:10	中央博物館見学	11:00	2名がウランバートルよりスフバータル県に出発。ウランバートル市内の靴工場、毛織物工場見学　夕方、文化省映画館でモンゴル映画「生活の木霊」鑑賞
8月26日	セレンゲ県訪問代表は、墓参後、シャーマル果樹園を見学、セレンゲ県を出発し夕方ウランバートル帰還　モンゴル議会委員会副委員長D. ヨンドンドゥイチル、事務局長シャグダル表敬			
8月27日	モンゴル人民共和国閣僚会議副議長G. ロプサン表敬　夕方、モンゴル赤十字社執行委員会主催夕食会			
8月28日	ガンダン寺、中央スポーツ宮殿、寺院博物館見学			
8月29日	午前帰国			

ひとりが，セレンゲ県に抑留中亡くなられた兵士の娘であった。セレンゲ県に着いた翌朝，ふたりは，スフバータル市にある日本人墓地に行き，慰霊を行った。この若い女性は，セレンゲ県にいた父の遺骨のそばに行き，新聞紙の一切れ，ろうそく，米，写真，団子を地面に埋め，花を供え，線香を焚いて，手を合わせたまま泣いた。それを見たモンゴル人の心は痛んだ。そのため，この女性について，とくに書き記した記述が残されることになるのである。彼女は，セレンゲ県から帰る時「帰国したらモンゴル語を学んで，もう一度ここにもどって来たい。そして，心やさしいモンゴル人のみなさんと直接話してみたい」と語っていた。父であり，あるいは子であり，夫である，兵士たちの墓参のためモンゴルを訪問した，大勢の日本人がこのように考え，また彼らに出会った大勢のモンゴル人が，日本という国，そして日本人を身近に思うようになったのだ。この人々が，のちになって，両国の交流回復に尽力するのである。

　日本の墓参団は，モンゴル人民共和国滞在中に，公人に面会するだけでなく，特別プログラムが組まれ，工場やモンゴルの文化・宗教に関連する

場所も見学した（**表**4参照）。

モンゴル人民共和国閣僚会議副議長G.ロブサンが日本の代表団と面会した際には，外務省次官チミドドルジ，モンゴル議会委員会副委員長ヨンドンドゥイチル，モンゴル赤十字社社長トゥメンデルゲル，同社事務局長シャグダルらが同席した。面会にモンゴル側から参加したこのメンバーを見ると，モンゴル人民共和国政府が，日本の代表団のこの訪問を，大きな意義を持つものと位置づけ，高レベルで接したことが分かる[14]。また，モンゴル人民共和国外務省課長P.ツェレンツォードルは，日本国外務省代表と，8月26～28日2度にわたり面会し，両国の関係正常化について意見を交わした。この面会で協議された問題については，Ts.バトバヤル博士が，著作の中で，詳しく述べているので[15]，ここで繰り返す必要はないであろう。

以上述べてきたことをまとめると，

1. 戦争捕虜として，長距離を移動させられ，疲労困憊していた何千人もの日本の若者たちが，乙酉（きのととり）の年，つまり1945年冬の厳しい寒さの時期，モンゴルの平原にやってきたことは，悲劇であると同時に，モンゴル・日本両国の関係に新たなページを開く歴史的出来事であった。

2. かれらがモンゴル人民共和国に2年間にわたって抑留され，都市建設の大事業に参加したことは，両国の国民が，お互いの真の姿を理解し，さらにはお互いが歩み寄り親しくなる大きな変化のきっかけになった。つまり，彼らは，単なる「捕虜」であったのではなく，モンゴル・日本両国国民を結びつける最初の橋となり，そのことによって将来にわたり歴史に記憶されることになるのである。彼らの建てた建築群は，時の流れによって朽ちはてようとも，この橋は決して朽ちることなく，両国国民の歴史に永遠に残るであろう。

3. 捕虜たちは，1947年冬，祖国日本に帰還したが，命を失った1,597名の遺体は，歴史の証人となり，モンゴルの平原に残された。しかし，今

日のまさにこの状況から振り返って見ると，彼らの遺骨は，この将来を呼び寄せるために，その地に残ったのである。というのも，異国の地で命を落とした兵士たちの墓参の目的で，日本の代表団は，1960年代からモンゴルに訪問するようになった。そして，日本政府は，彼らを通じて，モンゴル人民共和国について真の情報を得て，両国間の関係について，モンゴル人民共和国指導部と国民がどのような見解を持っているか，判断する方針をとっていた。モンゴル人民共和国側も，日本の墓参団を通じて，2国間の関係正常化を日本側に提起する方針であったことは，1966年の訪問が証明している。そして，モンゴル人民共和国に残された日本人兵士の墓地を訪問する墓参団がモンゴルに来るたびに，二国間の関係が同時に話し合われ，両国の交流を発展させる新しい歩みが踏みだされていった。つまり，ふたつの異なる体制下にあり，お互いを不信の目で見ていた，モンゴル・日本両国民に信頼が生まれ，協力関係が回復する，その主たる契機となったのが，まさにモンゴルに抑留された兵士の問題であった。そして，両国の関係は，段階を経て回復してゆき，1972年ついに外交関係樹立へと至ったのである。

註

1 Ч. Дашдаваа, *Японы олзлогдогсод Монголд*, Улаанбаатар, 2013（Ch. ダシダワー『モンゴルにおける日本の捕虜』，ウランバートル，2013年）. ボルジギン・フスレ編『日モ関係の歴史，現状と展望——21世紀東アジア新秩序の構築にむけて』（風響社，2016年）. など。

2 *МАХЦ-ийн түүхэнд холбогдох баримт бичгүүд: 1921-1945*, Улаанбаатар, 1974, Тал.589-590（『モンゴル人民革命軍史関連資料集：1921〜45年』，ウランバートル，1974年，pp.589-590）.

3 Ч. Дашдаваа, *Японы олзлогдогсод Монголд*, Тал.19-20（Ch. ダシダワー，前掲『モンゴルにおける日本の捕虜』，pp.19-20）.

4 Монгол Улсын Үндэсний төв архив（モンゴル国立中央文書館），X.1, Д.3, XH.332, X.67-70.

5	*Монгол ба Орос дэлхийн хоёрдугаар дайны жилүүдэд*, Улаанбаатар-Улан-Удэ, 2011, Тал. 213-250 (『モンゴルとロシア：第2次世界大戦期』, ウランバートル・ウランウデ, 2011年, pp.213-250).
6	Ч. Дашдаваа, *Японы олзлогдогсод Монголд*, Тал.270（Ch. ダシダワー, 前掲『モンゴルにおける日本の捕虜』, p.270).
7	Монгол Улсын Үндэсний төв архив（モンゴル国立中央文書館), X.383, Д.1, XH.97, T.4.
8	Монгол Улсын Үндэсний төв архив（モンゴル国立中央文書館), X.383, Д.1, XH.97, T.11.
9	Монгол Улсын Үндэсний төв архив（モンゴル国立中央文書館), X.383, Д.1, XH.43, X.1.
10	Монгол Улсын Үндэсний төв архив（モンゴル国立中央文書館), X.383, Д.1, XH.44, X.170-175.
11	Монгол Улсын Үндэсний төв архив（モンゴル国立中央文書館), X.383, Д.1, XH.43, X.1.
12	Монгол Улсын Үндэсний төв архив（モンゴル国立中央文書館), X.383, Д.1, XH.97, X.6-9.
13	Монгол Улсын Үндэсний төв архив（モンゴル国立中央文書館), X.383, Д.1, XH.97, X.10.
14	Монгол Улсын Үндэсний төв архив（モンゴル国立中央文書館), X .383, Д .1, X H .97.
15	Ц. Батбаяр, *Монгол ба Япон XX зуунд*, Улаанбаатар, 2012, Тал 144（Ts. バトバヤル『20世紀におけるモンゴルと日本』, ウランバートル, 2012年, p.144).

参考文献

(モンゴル語)

Ц. Батбаяр, *Монгол ба Япон XX зуунд*, Улаанбаатар, 2012（Ts. バトバヤル『20世紀におけるモンゴルと日本』, ウランバートル, 2012年).

Ч. Дашдаваа, *Японы олзлогдогсод Монголд*, Улаанбаатар, 2013（Ch. ダシダワー『モンゴルにおける日本の捕虜』, ウランバートル, 2013年).

МАХЦ-ийн түүхэнд холбогдох баримт бичгүүд: 1921-1945, Улаанбаатар, 1974（『モンゴル人民革命軍史関連資料集：1921～45年』, ウランバートル,

1974 年).

Монгол ба Орос дэлхийн хоёрдугаар дайны жилүүдэд, Улаанбаатар-Улан-Удэ, 2011（『モンゴルとロシア：第2次世界大戦期』, ウランバートル・ウランウデ, 2011 年).

Монгол Улсын Үндэсний төв архив（モンゴル国立中央文書館), X.1, Д.3, XH.332, X.67-70.

Монгол Улсын Үндэсний төв архив（モンゴル国立中央文書館), X.383, Д.1, XH.43, X.1.

Монгол Улсын Үндэсний төв архив（モンゴル国立中央文書館), X.383, Д.1, XH.44, X.170-175.

Монгол Улсын Үндэсний төв архив（モンゴル国立中央文書館), X.383, Д.1, XH.97, X.4; 6-9; 10; 11.

（日本語）

ボルジギン・フスレ編『日モ関係の歴史，現状と展望——21 世紀東アジア新秩序の構築にむけて』（風響社，2016 年).

（訳＝上村明）

第 7 章
ソ連時代のブリヤート・モンゴルにおける「シベリア抑留」
1945～48年

オレグ・D・バザロフ (Oleg D. Bazarov)

　1945年8月の中国東北部における日本との戦闘の過程で，ソビエトの前線捕虜収容所が19か所開設された。日本人捕虜と満洲国，蒙疆の現役軍人は皆，集合選別地点や前線捕虜収容所に送られた。後者では，ソ連とモンゴルへ送り出すための捕虜集団が編成された[1]。

　ソ連領内では，収容所の配置場所が決められ，急ぎ物的・技術的基盤が設けられ，収容所管理機関の職員となる人員が集められた。

　1945年8月23日付のソ連国家安全委員会決定第9898号と，1945年9月1日付のソ連内務人民委員部決定第001009号にしたがい，ザバイカル方面軍第36軍と第39軍の行動地帯で捕らえられた日本軍将兵をブリヤート・モンゴル自治共和国[2]に配置することが決められた。捕虜の中には，もと警察官や憲兵，日本軍に動員された朝鮮人，ロシア人，モンゴル人もいた。

　文書館はブリヤート出身の抑留者についての，一連の興味深い文書を残した。たとえば，1946年2月付の文書は「1939年のハルハ河の戦闘で消息不明になったブリヤート人ラピロフが捕虜収容所に収容されている」件に言及している[3]。1948年4月には「ハルビン，ハイラル，チチハル……における日本の軍事任務への元協力者の集団的事件に関する取り調べのため，捕虜アンチコフ・ジャプ（1908年生まれ）とダシエフ・ナラン（1913年生まれ）が護送された」[4]。

われわれの計算によれば，第30収容所には，1945年12月31日の時点で189人の朝鮮出身の捕虜がおり，全員が兵卒であった。捕虜になったその他の民族の人数は事実上計算不可能だ。というのは，出自が非日本人の捕虜の大部分がさまざまな理由から自分を日本人に見せかけようと努めたからだ。たとえば中国人が含まれていた第6収容所ではなおさら，それは難しくなかった（収容所の管理本部に，通訳や日本の専門家は事実上いなかった）。

　この調査で明らかなように，収容所には，日本企業の社員とその家族といった民間人も抑留され，その中には未成年者も含まれていた。「第30捕虜収容所の行動および人員数についての部隊報告書」1946年1月1日付によれば，ここには18歳未満が119人収容されていた[5]。明らかに，他の収容所にも未成年の囚人がいた。たとえば第6収容所第2支部の点検の結果，人員不足のため「未成年者」が当番に配置されていることが指摘された。

　ブリヤートの収容所における日本人女性抑留者の情報はない。

　1945年10〜12月合計で，ブリヤート・モンゴル自治共和国には17,817人の日本人捕虜・抑留者が送られた[6]。のちにこの数字は，死亡，国内の他の地方への移送，受刑者，本国への送還，その他によって減少している。シベリアの他の地方と比較すると，ブリヤート・モンゴル共和国には比較的小規模な捕虜グループが集まっていた。たとえば，隣のイルクーツク州に収容されたのは約7万人で，チタ州には4万人であった。

　日本人捕虜1,500人を乗せた最初の梯団がウランウデのタリツィ駅に到着したのは1945年10月4日であった。古参の線路作業員ピョートル・グラドキフは回想する。「11月の休日近くのある日，駅に"家畜用貨車"が日本人の大集団を運んできた。寒くて風のある日で，彼らが身に着けていたのは夏の軍装だった。明らかに，彼らの多くは健康でなく，衰弱していた」[7]。

　病人は，ニジニャヤ・ベリョーゾフカ（ウランウデ近郊）に特別に開設さ

れた第944病院や収容所小病院に収容された。

　ブリヤート・モンゴル自治共和国領内への捕虜受け入れのために，緊急に第28，第30という2つの収容所が設けられた。

　ブリヤートで最大のものは第30内務省収容所で，その管理局はウランウデ近郊のユジラーク村に置かれた。村の名称自体がすでに，当時のソビエト的伝統にのっとり短縮された，ユジニー（南の）とラーゲリ（収容所）という語で構成されており，収容所に根差すことを物語っている。実際，ここには，日本人以前も以後も常に監獄があった。

　すべての収容所のおおよその機構は以下のようなものであった。すべての活動を指導したのは，所長を頭とする収容所管理局であった。管理局の中には，政治部，工作チェキスト部と，登録，供給，輸送，衛生，会計経済，生産計画の各部があった。

　収容所政治部は，職員の間においても捕虜の間においてもイデオロギー活動の段取りに責任を負った。政治活動家の活動は収容所生活のあらゆる領域に及んでいた。ソビエト的生活様式や，党と政府の決定のプロパガンダをおこなう政治教育，反ファシスト教育と民主グループに捕虜を参加させること，生産活動における社会主義競争の組織，視覚に訴えるアジテーションの組織，大衆文化活動。

　生産計画部は，捕虜らが労働する企業との契約締結，安全施策や必要な資材と作業用具の確保に対する監督の実施，生産計画の遂行に責任を負った。

　工作チェキスト部は独特の仕事をおこなった。収容所内における，戦争犯罪への直接関与者，細菌部隊や日本の軍事任務の協力者，警察官，憲兵，国境警備隊員その他の摘発，脱走と暴動の予防策実施，捕虜の地下組織の暴露，などである。

　残りの各部は収容所に輸送，食料や物品の支給を提供し，病人・虚弱者の治療と捕虜の食事の手配をした。

　すべての捕虜収容所はその機構の中に多数の収容所支部があり，その中

は，生産その他必要な場合には，基本的な定員とは別に労働する捕虜の小グループすなわち「出張所」と生産大隊に細分化されていた。たとえば1946年初めには，第30収容所だけで20の支部に達していた。後者の配置は非常に広範で，共和国のいくつかのアイマク[8]とイルクーツク州のリストビャンカ村にまであった。

　異郷での隷属的生活はどんな人間にとっても容易ではない。敵軍の捕虜となった兵士にとってはなおさらだ。心理的な不快さのほかに，生き残りのための日々の戦い，すなわち配給のパンの残りや，寒中に焚火の前で暖を取る機会，より軽い労働をめぐる戦いがあった。特に過酷だったのは，捕虜たちの生活がきわめて不便だった収容所生活最初の数ヶ月だった。急ごしらえのバラックで，24時間ストーブの暖房があってさえ気温が摂氏15〜18度を上回らない中での生活だ。

　最初の収容地区は，宿舎のバラックに建て増しされた作業棟や半地下小屋，収容所管理本部と警備棟，倉庫，その他の補助的な建物で，高い板塀と有刺鉄線で囲まれ，周囲に警備用のやぐらがいくつかあるというものだった。

　1992年から95年，日本人捕虜のいた場所でフィールド調査をおこなった際，筆者は多少なりとも残存する「収容地区」を調査した。すなわち，ポペレーチナヤ地域（ザイグラエフスキー地区ゴルホンスコエ村管轄）の第13収容所支部のあった場所には，5つの宿舎用半地下小屋の廃墟と，炊事場と食堂，鍛冶場，厩舎の名残，そして土台のついた崩れた穴いくつかが残っていた。これらすべては，残存する断片から判断すれば，3メートルの板と杭から成る塀で囲われていた。収容所の近くには警備兵と管理本部の半地下小屋がほとんど壊れた状態であった。収容所から東に200メートルのところには，放置された日本人墓地（おそらく3〜5基）が，棒でできた柵の名残とともに見つかった。収容所から100メートルの場所にはポペレーチナヤ川が流れ，そこから水を取っていた。対岸には民間の居住地があった。ここでの死亡率の低さ（1946年2月と4月に公式に埋葬され

たのは2人）から考えるなら，この収容所支部はまったくめぐまれていた。このことはまた，石油ランプの代わりの電灯，寝る場所の整備という事実によっても裏付けられる。

　はるかに劣悪な環境で暮らしていたのは，第10収容所支部の住人だ。収容地区は，寝泊まりするための半地下小屋と納屋のような補助的な建物で，4つの警備用やぐらを備えた背の高い塀で囲われていた。収容所はシャブル河岸に位置し，木材調達業者の村と隣り合っていた。耐え難い生活環境，力に余る労働，乏しい食事に収容所管理当局の無責任さが付け加わった。1946年だけでも，収容所支部の所長が2人，すなわちコクリャツキー大尉とプザコフ大尉が背任行為を軍法会議で断罪されている。

　高い死亡率を招いた収容所の労働における深刻な欠陥が，モスクワ当局に1945〜46年の最初の越冬の過程で緊急介入を余儀なくさせた。1946年3月，第30収容所は分割され，第6収容所と第30収容所の2つがつくられた。

　第6収容所での生活環境は全般的に，とりわけ1947〜48年にはかなり満足のいくものだった。たとえば，PVRZ[9]で働いていた捕虜には診療所，入院設備のある病院，炊事場，食堂，浴場，洗濯室，パン製造所，野菜貯蔵所，消毒室，水道，電灯があった。第99国営工場では，日本人は寝台車型の2段ベッドがしつらえられた平屋の掘立小屋式のバラック4棟に住んでいた。地区には外来患者用の診療所，小病院，炊事場，食堂，浴場，洗濯室，殺菌消毒室，パン製造所，野菜貯蔵所，水道，電灯があった。暖房はストーブだった。

　そのような住宅環境は，大きな村やウランウデ市内でごく普通のものだった。

　第28収容所は悪名高いジダラガ——ジディンスキー・タングステン・モリブデン・コンビナートの需要に応じるためのゴロドーク市（ザカメンスク市）のちょうど心臓部に作られた。約4,000人という人員が5つの収容所支部に割り当てられた。

収容所での規律は充分厳しいものだった。混乱と脱走を防ぐために月に一度，宿舎の捜索と捕虜の所持品検査がおこなわれた。おきまりの"収穫"は手製のナイフ，ハンマー，やすり，かみそりその他切ったり刺したりするための工具だった。時折，捕虜から没収されたのは個人の日記，人員や死者の名簿，満洲・朝鮮・日本の地形図だった。1946年3月のある日，第28収容所で日本人捕虜が薬きょうつきのピストルを取り上げられた。このような例に関連して，収容所の工作チェキスト部は常に捕虜管理体制の引き締めを求めた。しかし，それは特に必要ではなかった──日本人捕虜の権利はすでに制限されていた。

　シベリアの収容所での隷属的生活は日本人の回想で充分詳しく述べられている。彼らが経験した，すべての捕虜にとって特有のつらさは「飢えと寒さ，そして望郷の念」[10]であった。実際，日本人が環境に慣れるのは困難だった。とくに最初の冬は極めて厳しかった（1946〜47年にかけての冬，気温は摂氏マイナス52度に達した）。

　栄養不良あるいは単調で質の悪い食事も捕虜には付き物だった。捕虜に与えられる一昼夜分の公式の基準量は充分なものだった。現実にはしかし，いささか違っていた。収容所の食料その他の供給についての中央機関の指示すべてを現場で達成するための現実的条件はなかった。

　中国から到着した人員は，品目が完全にそろった2か月分の食料備蓄が確保されず，結局，小麦粉，肉，魚，動物性・植物性油脂，砂糖，野菜の備蓄なしに捕虜は送り届けられ，物品の支給はなされなかった。

　捕虜収容所は独特の独立採算制をとっていた。企業や労働力の使用機関は，捕虜の労働利用に対し提示された対価の支払い期限を守らなかった。一方，収容所管理局の側は，支給された食料品や物品の受け取りに対し清算できる状態にないことがわかり，そのせいで納入業者は食品の支給を打ち切った。典型的なのは，1946年に1年間続いた第28収容所と第30収容所，そして「ルィブトレスト（魚トラスト）」との間の係争である。収容所は後者に対して，それまでの魚製品の供給分の70万ルーブル以上の負

債があった[11]。

　最大の困難は、ウランウデから遠く離れ、到達が容易でないことが原因で、第30, 第28収容所森林支部の供給にともなって生じた。輸送は主として戦利品のニッサン、イスズ、ドッジを用い自動車でおこなわれたが、それらは予備の部品を欠いていた。遠方の収容所拠点で自動車輸送が損傷したり停止したりしたせいで、食料供給の配送が数日にわたってなされないことはたびたびだった。

　すべての収容所で捕虜たちは例外なく、植物の根や球根を掘ったり、キノコや野生のネギやニンニクをとったり、鳥や魚をつかまえたり、といった生活物資の採集をした。しかしその地域の植物相についての無知のせいで、食中毒は珍しくなかったし、時には悲劇に終わった。

　同時にブリヤート・モンゴル自治共和国の日本人捕虜収容所では、病人や作業・生活でのけが人の治療とリハビリのための第944特別病院が機能していた。特別病院があったのは、イルクーツク州では第3370（タイシェト）、第1218（イルクーツク）、第1942（ジマ）、第3915（トゥルン）の捕虜病院4か所、チタ州では第1484（ペトロフスク・ザバイカリスキー）、第1937（ヒロク）、第1841（カルィムスコエ）、第1842（ボルジャ）の同じく4か所に対し、ブリヤート・モンゴルでは1か所だった。このことは捕虜の総人員数によって完全に説明できる。

　第944特別病院は、第1次世界大戦期にドイツ人、チェコ人、マジャール（ハンガリー）人捕虜が収容されていたニジニャヤ・ベリョーゾフカ地域（ウランウデ近郊、現在のディビジオンナヤ駅）に位置していた。そこは壊れて、使われていたバラックの中は文字通りがらんどうになっていた。医療職員、食事、医薬品、器具、燃料、リネン類、すべてが不足していた。

　病院は3つの科から成っていた。内科260床、外科100床、伝染病科140床で合計500床である。

　病院長のコパチェフ少佐は内科部長を兼務し、残りの2つの科には長い間部長がいなかった。規定の定員18人の代わりに、全部で5人の医

師がおり，うち4人が日本人捕虜だった。内科にはセタグチ・ヒロシ医師（1919年生まれ，キカモト市出身ママ）が務めていた。外科に務めていたのは捕虜の医師たった1人で，X線技師はいなかった。病院ができて半年後の1946年6月でさえ，医療従事人員の確保率は低かった。中等の医療スタッフは定員規定の46％にすぎなかった。

医師不足のため，通常3～5人の医療従事者から成る作業班が遠くの収容所支部に出かけた。彼らは必要な手当てをおこない，重病人を入院させ，体力の弱っている者は保養班に入れた。

もと捕虜のアルガ・シゲオ（福岡県出身）とサカト・イクオ（東京都出身）は1995年におこなった筆者のインタビューで，彼らの世話をした看護婦のトムソンとカザコワ（またはカザチコワ）を懐かしがった。年金生活者アルガ・シゲオは彼らについてこう述べた。「1946年冬，森での労働を20日間おこなった後，私は重病のため，（筆者注：ゴルホン駅近くのポペレーチナヤ地域にあった）自分の半地下小屋で寝ついていた。この寒い国でとうとう安らぎを得られると思った。私たちの収容所に来た医者たちが私や仲間を治療し，私を日本人用の病院（筆者注：第944特別病院のこと）に保護した。看護婦のトムソンとニーナという名の医師に会いたいものだ」[12]。

重病の日本人が民間の病院に送られることは珍しくなかった。公平に見て，1946年のブリヤート・モンゴル自治共和国における医療要員の確保率が，都市では50％，非都市部では41.6％だったということを指摘する必要がある。そのような状況においては，共和国機関が現実に，日本人捕虜に対し医療サービスの手配と提供への援助をしかるべき水準でおこなうことは不可能だった。

1945年10～11月の最初の梯団とともに少なくない病人と衰弱者が到着した。最初の到着者の不完全な名簿によって判断すれば，これは基本的にさまざまな部隊の将兵であり，送り出す前に急ごしらえでまとめられた小部隊だった。到着した梯団には病人が大勢いた。途中で，熟練した医療が足りないこと，支給される物品や食品が足りないことがわかった。通常，

捕虜の一部隊が移動する際，前線の収容所から常設の配置場所までの人的構成の損失は最小限であった。中国からザバイカルへの人員移送の際に梯団長だったグリゴーリー・ツェペンニコフは証言する。「移送途中でわれわれが失った日本人は全部で 2 人で，病死だった。このことは収容所管理当局を非常に驚かせた」。第 107 師団歩兵第 90 連隊長のソオダ・マサヤシ［早田正義］少佐は，1946 年 2 月 23 日のウランウデ守備隊の軍事検事に対する供述の中で，目的地までの移送の際，彼が失った兵は，脱走したたった 1 人だけだったと述べた[13]。

到着したすべての捕虜は医療委員会を通過した。そこで彼らは，健康状態のいかんによって，あれこれの労働能力グループに判別された。収容所管理局付属の医療委員会は，送致された人員のうち約 15％がマラリアや赤痢の患者であり，多くが風邪を患っていること，心臓不全症や視覚・聴覚不全，精神遅滞など先天性の障害を持つ捕虜が存在することを確認した。

後者について，上述のソオダ・マサヤシはこう説明している。「…日本人捕虜の大隊のほとんど全員のうち，第 1 カテゴリーに入ったのは少数で，大部分は第 2，第 3 カテゴリーに入った。これは前線での兵士不足のために日本軍に召集された者たちだ…」[14]。

100 人以上の捕虜が医療委員会の判断によって病院に緊急収容され，多くの者が収容所小病院で治療を受けた。

残念ながら，病人の中には緊急入院しても助からない者もいた。いたましい受難の物語のはじまりは，第 944 特別病院で 1945 年 10 月 8 日に死亡したアオヤマ・テシロ［青山哲郎］，13 日に死亡したカワカミ・ソオキチ［カワカミ・ショオキチ＝川上正吉］と，1945 年 10 月に第 30 収容所第 2 収容所支部（第 99 国営工場）病院で死亡した兵卒のカサハラ・コオヂロ［カサハラ・キオヒロ（ラ）＝笠原強次郎］（1907 年生まれ），ソノベ・タツジ（1912 年生まれ），タカハシ・コマツ［高橋小松］（1911 年生まれ）らだった。

診察の結果，通常月に 1 度，捕虜は健康状態に応じて 4 つのカテゴリーに分けられた。第 1・第 2 カテゴリーと見なされたものは主要な労働に送

られ，第3カテゴリーは治療，第4カテゴリー（病弱者）は保養班や収容所内の雑用に送られた。

上述の診察のほかに，半年に1回，収容所の医療労働委員会が捕虜の健康状態の点検のために開催された。

ブリヤート・モンゴルにおける日本人捕虜の収容現場を視察した，ソ連内務省グプヴィ（GUPVI）[15]の管理職のイェジョーフ軍医大佐は，病人と死者の大部分は栄養失調で，それから赤痢，肺炎，結核，肝炎の患者だったと記している。みずからの書類に彼は次のように書いている。全人員のために規定量の食料支給が必要であり，グラーグ（GULAG＝収容所管理総局）システムで実際に行われていたように捕虜の労働遂行規模をもとにしてはならない。さらに以下のことが確認された。単調な食事は，質的に不充分であり，量的に規定量は不充分だ。1人あたり完成量で600〜650グラムである。茶は朝と晩の1日2回。もと捕虜の回想によれば，第30「森林」収容所支部で正餐は朝，労働に出る前に渡され，食物摂取と摂取の間のインターバルはしばしば8時間にもおよび，わずか数日でも温かい食事を欠きながらの，冬の森林伐採地での長時間にわたる重労働は，当然，被収容者に栄養失調をもたらした。

1946年1月，この収容所での病死は77人に達し，2月には88人が死亡，3月には53人であった。捕虜の大量死の原因は，胃腸病，肺結核，感冒性疾患，作業現場での外傷を伴う栄養失調であることが知られていた。つまり，1945年11〜12月に捕虜の食事の手配が大規模に中断したことが影響した。

このような状況を見て，ナチスの強制収容所で起きたように，囚人を飢えによって故意に苦しめたものと見なすことはできない。われわれの見解では，ここには，客観的・主観的要因が悲劇的に絡み合っていた。戦後における国家（その中にブリヤート・モンゴル自治共和国も含まれる）の深刻な経済状況は，日本人捕虜に対する食料，軍装品，医薬品の確保に直接影響した。収容所管理職員の側による食品と資産の横領，収容所内業務の仕事

の遅さと怠慢も，被収容者の状態にマイナスに作用した。

　日本人捕虜用収容所がブリヤートに存在した時期，上述した点その他の一連の原因がもとで1,076人が死亡し埋葬された。収容所別にみると，第6収容所が36人，第28収容所が157人，第30収容所が345人，第944病院が538人である。

　捕虜の死亡数の最大は抑留最初の年，すなわち1945年10月から1946年9月で，合計887人である。

　医療労働委員会による検診の分析，第944特別病院と収容所小病院の報告書，死亡診断書，そして捕虜であった日本人の回想は，収容所で得た病気や外傷のほかに，初期における収容所での高い死亡率のその他の原因は，捕虜になる以前や拘束地点の前線収容所からの長きにわたる移送中に得た怪我や病気であったことを物語っている。捕虜に関する精神的抑圧が小さからぬ役割を演じたことは，みずからの運命に対する無関心や自殺に表れている。捕虜たちの死亡や廃疾の原因の一つは作業現場での怪我である。安全技術の不履行あるいは無知がしばしば悲劇的結果をもたらした。

　1946年半ばから，収容所と第944特別病院の物質的条件や，治療・保養事業のやり方において若干の改善が始まった。夏の間，支給される食事に新鮮な野菜，ベリー類，魚を付け足すことにより，捕虜たちはいくらか健康を回復させることができた。収容所当局は冬に向けて必要な準備をおこなった。党ブリヤート・モンゴル地方委員会によって，木材調達部門の企業におかれた捕虜収容所支部の整備に関する問題の処理がなされた。特別病院はこの時期にいくらか拡大され，面積が病人1人あたり5平方メートルとなり，すべての建物が改築され，ジャガイモと野菜の備蓄が作られた。寝具一式，硬軟の備品，リネン類，医薬品といった物質的条件は著しく改善された。冬，病院は時宜を得て食料と燃料を確保した。1946年10月，病院には医師10人が勤務しており，そのうち5人が日本人だった。病院の中等医療スタッフは完全に補充された。収容所内の雑用係として，回復期の病人から30〜40人の捕虜が使われた。彼らはまた，病人

の看護や死者の埋葬を手伝った。

日本人捕虜の本国帰還のため，人員数は著しく減少し，1948年2月に特別病院はウランウデ市内の第6収容所内に移された。

1948年の本国帰還は，ブリヤート・モンゴルにおける第944特別病院の閉鎖のきっかけとなった。1948年8月，残っていた病人21人がチタ州（現在のザバイカル地方）のヒロク駅にある第1937特別病院に引き渡された。1948年8月18日，収容地区の蒸気機関車製造工場管理機関への移管のときにはすでに，第944特別病院に捕虜はいなかった。それに先立って，1948年7月に，第6収容所と第30収容所から最後の日本人将兵が本国へ帰還させられた。

ブリヤート・モンゴルにおける捕虜収容所の活動を分析して，筆者は，以下のような結論に達した。共和国の領域内での捕虜の配置と収容所の設置は，地域的な自然や気候，社会・経済的条件を考慮しないままおこなわれた。日本人捕虜にとって過酷な収容所の状態は1946年末まで続いた。その後モスクワと地元当局のあらゆる努力の結果，1947～48年に安定となにがしかの改善がはかられた。

大量の日本人捕虜をソ連領域の収容所に抑留するという決定を出しながら，国家指導部はこの手立てが何をもたらしうるかを考慮に入れなかった。そのような誤りの結果が，わが国の次世代の国民の肩に重荷としてのしかかっているのである。

註

1 日本人捕虜のソ連領内への連行に関するソビエト政府決定の問題は，別稿に値する。日本・満洲国軍捕虜のソ連領内への連行に関する1945年8月16日付の文書は存在しないことが知られている。ところが早くも1945年8月23日にはソ連国家防衛委員会決定「日本軍捕虜の受け入れ，配置，労働利用について」が出ている。

2 1923年5月30日から1958年12月25日までソ連を構成するブリヤート・

モンゴル自治共和国，その後ブリヤート自治共和国となり，1992年4月からはロシア連邦を構成するブリヤート共和国。

3　ブリヤート共和国内務省情報センター政治的抑圧［粛清］被害者名誉回復・特別フォンド局（ОСФиРЖПР ИЦ МВД по РБ）所蔵 Фонд (Ф) 57-л. Дело (Д) 11. Лист (Л) 308.
4　同上，Ф 57-л. Оп.1. Д.3. Т.1. Л.208.
5　同上，Ф 57-л. Д.17. Т.1. Л.9.
6　同上，Ф 57-л. Оп.1. Д.1. Т.1. Л.57.
7　筆者蔵。1991年9月20日のインタビュー。
8　アイマクとは，ブリヤート・モンゴルにおける行政的領域的単位で，現在の「地区」に相当する。
9　PVRZとは蒸気機関車車両修理工場のこと。現在のウランウデ機関車車両修理工場（LVRZ）。第99国営工場は現在のウランウデ航空機工場。
10　筆者蔵。日本抑留者協会［全国抑留者補償協議会？］理事ヨシザワ・ヒデオ［吉沢秀夫？］の手紙より（1993年）。
11　ブリヤート共和国内務省情報センター政治的抑圧［粛清］被害者名誉回復・特別フォンド局所蔵　Ф.57-л. Д.186. Л.76.
12　筆者蔵。1995年7月27日付のインタビュー記録。
13　『コムソモレツ・ザバイカリヤ』1991年5月22日付，ブリヤート共和国内務省情報センター政治的抑圧［粛清］被害者名誉回復・特別フォンド局所蔵 Ф.57-л. Д.186. Л.76.
14　同上，Л.82.
15　ソ連内務省グプヴィ（GUPVI）とはソ連内務省軍事捕虜抑留者管理総局のこと。

参考文献

（ロシア語）

ОСФиРЖПР ИЦ МВД по РБ（ブリヤート共和国内務省情報センター政治的抑圧［粛清］被害者名誉回復・特別フォンド局），Фонд (Ф) 57-л. Дело (Д) 11. Лист (Л) 308; Ф 57-л. Оп.1. Д.3. Т.1. Л.208; Ф 57-л. Д.17. Т.1. Л.9; Ф 57-л. Оп.1. Д.1. Т.1. Л.57; Ф.57-л. Д.186. Л.76.

（訳＝三矢緑）

第 8 章
「日本人」として処遇された朝鮮人
韓国における資料収集の現況

李守（Lee Su）

1. はじめに

　1991年4月に訪日したゴルバチョフ・旧ソ連大統領はシベリアに抑留され死亡した「日本人」捕虜約4万人の名簿を政府に手わたした。こうした被害者の多くは旧満洲でソ連軍によって連行されている。当時，中国の東北地方には約1万5千名の朝鮮人が日本軍によって強制動員されており，これらの軍人・軍属もやはりソ連軍によって武装解除され，そのうち約3千名が捕虜としてシベリア・モンゴルに抑留された。したがって上記の名簿には「日本人」として死亡した多数の朝鮮人もふくまれるものと目された。

　日本ではシベリア抑留者をめぐって，帰還と生活保護をもとめる運動がソ連と日本の両政府を相手どって，訴訟をともないつつくりひろげられた。結局，労働補償はいまだ実現をみないまま，ようやく2010年6月，「戦後強制抑留者特別措置法」が成立し，存命するソ連・モンゴル抑留被害者に対して，拘束された年月に応じた，25万から150万円の慰藉金が支給された。しかし，おなじく帝国日本の軍人・軍属であったにもかかわらず，朝鮮人は国籍を理由として補償の対象から除外され，なおかつ政府からなんら謝罪のことばもない。

　朝鮮人は1910（明治43）年の韓国併合によって日本国籍を有する帝国

臣民とされた。しかし，かれらは「内地人」たる日本人とは戸籍上区別され，法律上もことなる処遇をうけた。滞日歴が長期におよんでも，日本内地で出生しても，本籍を内地にうつすのは容易ではなかった。同様に，日本人もまた外地である朝鮮に転籍することはむつかしかったものの，これは主として徴兵忌避を目的とした本籍移動を禁止するための措置であった[1]。徴兵制度が外地である朝鮮にも適用されたのは植民地末期の1944年のことである。

朝鮮人は一面で「日本人」であるとされながらも，他面で日本の国籍法の適用をうけない，その意味では「日本人」ではないという不条理な地位におかれた。植民地朝鮮の戸籍は，大韓帝国時代の1909年に制定された民籍法にもとづいて編成されている。日本の戸籍法とはちがう法令であったため，朝鮮・日本間の戸籍移動は婚姻・養子を例外として不可とされ，日本に移住した朝鮮人が居住地の役所に転籍を申請しても拒否された。これは帝国内の臣民を戸籍によって日本人・朝鮮人・台湾人などと区分し，帝国内の位階秩序を維持するためであった[2]。

これと関連して，戦後のBC級戦犯裁判においては，朝鮮人が科刑されたとき，植民地時代に「日本国民」であったこと，また1952年の平和条約発効まで「日本国民」として拘禁されていたという，ふたつの要件がみたされるとして，かれらの釈放請求が却下されている[3]。朝鮮人抑留者をめぐる諸問題は，植民地時代の「日本国籍」のあり様，さらにはその離脱の時期とも関連させて，議論がふかめられるべきであろう。

2. 韓国における抑留問題の現況

シベリアに抑留された韓国人は「朔風会」[4]を結成し日本政府に対して真相究明と労働補償をもとめている。しかし「国籍条項」を根拠として「戦後強制抑留者特別措置法」慰藉金の支給対象からはずされている。満洲で投降した日本人捕虜総数に関するデータは，共産党機関紙『プラウ

ダ』に公開されたものにくわえて，さまざまな内部文書がある。それらを見るかぎり，ソ連は朝鮮人については，朝鮮半島の北半部を占領管理していた経緯もあり，日本人とは別の処遇を想定していたようである。

1948年の大韓民国（8月15日），朝鮮民主主義人民共和国（9月9日）分立直後の9月25日には，戦争犯罪人をのぞく朝鮮人全員をシベリアの収容所などから11月までに解放する命令がくだされ，同年末には約2300人が興南（朝鮮北部咸鏡道の港湾都市）に到着し，朝鮮800人，韓国500人，中国東北部1000人にわかれ，帰国または帰郷したという[5]。

韓国シベリア朔風会は2005年5月9日，李炳柱会長がシベリア抑留朝鮮人捕虜問題の真相調査を韓国政府に対して申請した。前年3月には植民地時代の「強制動員被害真相究明に関する特別法」が制定され，それをうけて同年11月，真相究明委員会が発足していた。李会長は9項目の真相究明をもとめた。質問項目の要旨は以下のとおりである[6]。

1) ソ連がポツダム宣言第9項[7]にもかかわらず，朝鮮人をふくむ日本軍を抑留した背景および日本政府はなぜこれを放棄したのか
2) 関東軍に強制動員された朝鮮人の総数
3) 戦争末期，ソ連軍と交戦中に戦死した朝鮮人の総数および略歴
4) ソ連にわたした名簿に朝鮮人を「日本国籍」と登載した理由
5) シベリアに抑留された朝鮮人の総数および収容された地域
6) シベリアで死亡した朝鮮人の総数と略歴および死亡した地域
7) シベリアから生存帰還した朝鮮人の総数
8) 「労働証明書」に明示された未払賃金はどの国が支給するべきか
9) 韓日協定による請求権はシベリア抑留とは無関係であり，個人請求権をとおした補償要求は可能ではないのか

委員会は真相調査を決定し，2005年12月には東京で「全国抑留者補償協議会」の関係者とも面談している。日本における抑留問題の現況をしらべるとともに各種資料の収集につとめた。ゴルバチョフ大統領によって日本にもたらされた4万名の名簿も閲覧し，朝鮮人とおぼしき氏名をさがした。その成果は中間報告として，2006年6月と2008年1月に発表されている。「調査活動には制約も多く」，被害の実態を把握する作業は「遼遠である」としながらも，それまでに蓄積された調査内容が整理された。満洲，サハリン，クリル列島に在住した朝鮮人の強制動員，シベリアに抑留された朝鮮人捕虜の生活と帰還の実態があきらかにされると同時に今後の課題がうきぼりにされた[8]。

　なお，植民地期の強制動員をめぐっては2010年にも「対日抗戦期強制動員被害調査及国外強制動員被害者等支援に関する特別法」[9]が制定・施行されている。同法は第1条において「1965年に締結された『大韓民国と日本国間の財産および請求権に関する問題の解決と経済協力に関する協定』と関連して，太平洋戦争前後の国外強制動員犠牲者とその遺族等に人道的次元で慰労金等を支援することでかれらの苦痛をいやし国民和合に寄与することを目的とする」とさだめた。

　ところで，およそ64万人の日本人抑留者に対する死亡者7万人の比率は10.9％にのぼり，これは日露戦争の従軍者総数99万7868人に対する戦死者が4万6423人（4.6％）であったのと比較して，死亡率が突出している。シベリアにおける強制労働が戦闘をもしのぐ苛酷なものであったことを彷彿させる[10]。日本人捕虜のなかから約1万6000人がモンゴルへ連行され，さらに一部が赤軍指令部直轄の労働大隊に編入されたほかは，全ソ約2000ヵ所に設置された一般収容所に収容された。死亡者7万人に占める朝鮮人の精確な数はいまだはっきりとしない。

3. 朝鮮における徴兵制の開始

　1938年，陸軍特別志願制度が実施され朝鮮人に対する軍事動員がはじまった。1943年には兵役法が改正され，同年8月1日から朝鮮にも徴兵制が実施された。19歳以上の青年が対象とされ，第一回の徴兵検査は44年4月におこなわれた。徴兵された朝鮮人青年のうち，終戦時にソ連軍の捕虜とされシベリアに抑留されたものは関東軍に多かった。

　南方戦線の朝鮮人軍属にも徴兵検査がおこなわれ，第四分所の130人中3人が軍人となった。軍人になることをきらい，炭鉱労働者として徴用されまいとして，俘虜収容所の監視員として南方までやってきた朝鮮人青年が徴兵されていたのである。なお，南方戦線に従軍した朝鮮人軍属148人が，いわゆるB・C級戦犯裁判で日本がはじめた戦争の犯罪者として刑に服した（うち23人が死刑判決）[11]。

　満洲国には関東軍のほかに正規軍として満洲国軍があり，日本人をはじめとして中国人，朝鮮人，モンゴル人などがふくまれていた。そのうちの日本人は関東軍兵士とおなじく，シベリア抑留をまぬかれなかったものの，大多数の朝鮮人は武装解除と同時に帰還をはたした。のちに大韓民国第5代大統領に就任する朴正熙もまずは関東軍に士官として配属されたものの，終戦時には満洲国軍の中尉に昇進していたため抑留をまぬかれている。

　1945年8月9日，170万人に達するソ連極東軍はソ満国境をこえ進撃した。これは同年2月の英・米・ソ首脳による「ヤルタ会談」の決定にしたがったものであった。ソ連軍が武装解除したのは，満洲（中国東北地方），北緯38度線以北の朝鮮半島，サハリン，クリル列島であった。

　関東軍に所属した朝鮮人は1943年までの志願兵約3500名にくわえ，44年以降徴兵されたものを合算して約1万5千名と推定される。これらの関東軍所属の朝鮮人兵士は本来なら，終戦とともに帰還してしかるべきであったものの，相当数が日本人とおなじく抑留を余儀なくされた。既述のとおり，ソ連軍は日本兵とは区別して朝鮮人を処遇する方針であり，ま

た実際多数の兵士を帰還させていたにもかかわらず，である。関東軍内の朝鮮人がすくなからず抑留されたのは，ソ連がわに提出された名簿に記載されたかれらの氏名が日本式であったためと思われる。朝鮮語にも日本語にもうといソ連軍兵士は，両者を区別できぬままに多数の朝鮮人を日本兵と錯覚したまま抑留したのである[12]。

4. 発見された朝鮮人抑留者名簿

　抑留された朝鮮人の名簿はいくつか発見されている。第一，『大田日報』と『釜山日報』が1995年に公表した名簿である。約6千名を収録している。第二，朝鮮人捕虜カードである。これは国家記録院がロシア軍事記録保存所（文書館）で収集した約3千人分の資料である。第三，朔風会がロシア政府に要請して入手した労働証明書である。全34件が確認でき，抑留期間と未払賃金が記載されている。第四，中国当局が作成した「舊蘇抑留者登記表」である。これは中国に帰還した朝鮮人を当局が調査したものであり，前三者とちがって，漢字で氏名と本籍地とが記載されている[13]。

　第一の資料は，ロシア文書保管所で半年にわたる調査のすえ発表された資料で，徴兵3217名，徴用1917名の計5134名が記載されている。名簿は氏名，生年月日，家族関係，徴兵された日，抑留された日，帰還日，死亡日，出生地，職業，収容地，居住地，階級，部隊などの項目にわたる。しかしながら，徴兵・徴用によって動員された朝鮮人だけでなく，相当数の民間人もまぎれているらしく，生年が1872年から1967年までと，抑留には直接関係のないものもふくむなど信憑性にかける。キリル文字に転写された人名や地名など固有名詞の解読に誤謬が散見され，資料として限界がある。原資料を入手したうえ，あらためて検討する必要がある[14]。

　第二の捕虜カードはシベリアに抑留された朝鮮人の日本名や本籍地がキリル文字で記載されているため，本人を特定しにくい。カードは1.姓，2.名，3.父称，4.出生年・出生地，5.入隊前住所，6.国籍，7.党籍，

8. 宗教，9. 学力（a. 最終学歴・b. 職業教育・c. 軍事教育），10. 職業，1. 入隊区分：徴兵／志願・入隊時期，12. 兵種，13. 勤務部隊，14. 階級，15. 職位，16. 捕虜になった経緯（捕獲・投降），17. 逮捕された日・所，18. 移動経路（収容所移監時期・地域）など，多岐にわたる。このカードは実際シベリアに抑留された朝鮮人だけを対象にした点，貴重な資料である。やはりキリル文字の転写により当事者を特定しがたいのが難点ではあるが，綿密な分析による訂正が期待される[15]。

　第三の資料である労働証明書は，捕虜カードにはない収容期間の記載が特徴である。シベリア朔風会会長をつとめた李炳柱氏が労働証明書を発給された34名の名簿を作成している。ロシア政府が労働証明書を作成しえたということは，抑留被害者に関する情報を保管していることにほかならない。抑留の開始は一律に1945年8月16日とさだまっている。この日は天皇のいわゆる玉音放送がながれた翌日であり，日本軍に戦争中止命令が下達されている。抑留解除は1948年7月4日がもっともはやく，1950年4月17日がもっともおそい。1948年12月20日には大挙して抑留が解除されている。「未払賃金」は収容期間によるばらつきが見られるものの，4378ルーブルがもっとも多い。抑留による被害の対価であるとしても，ソ連の継承国であるロシアにのみ責任を転嫁してすむ問題ではないだろう[16]。

　最後の中国資料は，中国瀋陽で入手した被害調査の資料であり，総数が何名であるか不明であるものの，現時点で193名分がある。印刷状態がわるく欠損部分もあるものの，氏名・日本名・生年月日・本籍・入隊年月日・入ソ年月日などの具体的情報が漢字で記載されている点，現存する名簿のなかで，もっとも有用である。ただし，この資料が作成された経緯は不明であり，不足分を追加収集してさらに分析をくわえる必要がある[17]。

5. おわりに

　朝鮮王朝末期から圧政と飢饉をのがれて、多数の朝鮮人が国境をこえて、ロシア沿海州地方、中国東北地方に流出した。中国国民党政府は満洲に在住する朝鮮人の帰化を奨励する政策を積極的におしすすめた。これに対して、日本政府はかれらの「日本国籍」離脱をみとめなかった。日本は韓国併合により朝鮮人が日本帝国臣民となったとして、かれらをタテにして満洲の土地商租権を主張したのである。中国政府は、これに対抗して、訓令と布告を数多く発表し、在満朝鮮人の土地商租を厳格にとりしまった。

　戦前期の大日本帝国は多民族的でありながらも、法制面では「内地」と「外地」を原則的に区別しつづけた。現実の多民族性・異質性が意識されたからこそ、多民族の帝国を統合するため、国語普及、創氏改名といった各種の同化政策がおしすすめられたにもかかわらず、文化的同化はなかなか進行しなかった。一面では「日本人」とみなされ、他面では「非日本人」とあつかわれる当人にしてみれば、わけがわからなかっただろう。しかし、植民地の人びとを「日本国民」、かつ戸籍法上の「外地人」として処遇する論理は、いまなお戦時補償問題をめぐる日本政府の姿勢に見えかくれするのである。

　シベリア抑留問題は韓国と日本、ロシアの問題であると同時に、中国、モンゴルさらには中央アジアの旧ソ連邦を構成した諸国家にまたがるユーラシア全域をまきこむ懸案でもある。政府次元の資料調査と収集・分析はいうまでもなく、学会ならびに社会一般の関心があってはじめて全容をあきらかにすることができるのである。

註

1　日本人と朝鮮人の戸籍を分離することで、両者の区別を法的に設定・維持する体制が維持されたのである。水野直樹・文京洙『在日朝鮮人』(岩波書店、

2015年, pp.8-9)。
2 水野直樹「朝鮮人の国外移住と日本帝国」(『岩波講座　世界歴史19　移動と移民　地域を結ぶダイナミズム』岩波書店, 1999年, pp.259-60)。
3 内海愛子『朝鮮人BC級戦犯の記録』(岩波書店, 2015年, pp.266-267)。
4 1990年12月設立。シベリアでなめた辛酸の日々を記憶する意味で「朔風」を冠したという。「朔風」とは冬期に北方からふく寒風の意。
5 富田武『シベリア抑留者たちの戦後——冷戦下の世論と運動1945～56年』(人文書院, 2013年, pp.16-17)。
6 대일항쟁기 강제동원 피해조사 및 국외강제동원 피해자 등 지원위원회『시베리아 억류 조선인 포로문제 진상조사 –중국 동북지역 강제동원 조선인을 중심으로–』2011년, p.2 (対日抗戦期強制動員被害調査及国外強制動員被害者等支援委員会『シベリア抑留朝鮮人捕虜問題真相調査——中国東北地域強制動員を中心に』2011年, p.2)。
7 ポツダム宣言第9項原文はつぎのとおり。The Japanese military forces, after being completely disarmed, shall be permitted to return to their homes with the opportunity to lead peaceful and productive lives.
8 対日抗戦期強制動員被害調査及国外強制動員被害者等支援委員会, 前掲, p.3。
9 행정안전부 자치행정과「대일항쟁기 강제동원 피해조사 및 국외강제동원 희생자 등 지원에 관한 특별법」2010년 3월 22일제정・시행, 법률 제 10143호(行政安定部自治行政課「対日抗戦期強制動員被害調査及国外強制動員犠牲者等支援に関する特別法」(2010年3月22日制定・施行, 法律第10143号)。
10 白井久也「国際法から見た日本人捕虜のシベリア抑留」(東海大学平和戦略国際研究所『ロシア・東欧学会年報』第23巻, 1994年, p.38)。
11 内海愛子, 前掲『朝鮮人BC級戦犯の記録』(pp.25-26)。
12 対日抗戦期強制動員被害調査及国外強制動員被害者等支援委員会, 前掲, p.14。
13 同上 (p.40)。
14 同上 (pp.20-21)。
15 同上 (p.22)。
16 同上 (pp.23-24)。
17 同上 (pp.26-28)。

参考文献

(韓国語)

대일항쟁기 강제동원 피해조사 및 국외강제동원 피해자 등 지원위원회『시베리아 억류 조선인 포로문제 진상조사 ——중국 동북지역 강제동원 조선인을 중심으로』2011 년 (対日抗戦期強制動員被害調査及国外強制動員犠牲者等支援委員会『シベリア抑留朝鮮人捕虜問題真相調査——中国東北地域強制動員朝鮮人を中心に』2011 年).

행정안전부 자치행정과「대일항쟁기 강제동원 피해조사 및 국외강제동원 희생자 등 지원에 관한 특별법」(2010 년 3 월 22 일제정・시행, 법률 제 10143 호 (行政安定部自治行政課「対日抗戦期強制動員被害調査及国外強制動員犠牲者等支援に関する特別法」2010 年 3 月 22 日制定・施行, 法律第 10143 号).

(日本語)

内海愛子『朝鮮人 BC 級戦犯の記録』(岩波書店, 2015 年).

白井久也「国際法から見た日本人捕虜のシベリア抑留」(東海大学平和戦略国際研究所『ロシア・東欧学会年報』第 23 巻, 1994 年).

富田武『シベリア抑留者たちの戦後——冷戦下の世論と運動 1945 〜 56 年』(人文書院, 2013 年).

水野直樹「朝鮮人の国外移住と日本帝国」(『岩波講座　世界歴史 19　移動と移民 地域を結ぶダイナミズム』岩波書店, 1999 年).

水野直樹, 文京洙『在日朝鮮人』(岩波書店, 2015 年).

第 9 章
ソ連抑留1年目の日本人捕虜の高死亡率の原因とソ連政府の対策
ハバロフスク地方を例に

小林昭菜（Akina Kobayashi）

はじめに

　筆者は，ソ連領内に抑留された日本人捕虜に関してこれまで専門的に研究を行ってきたが，モンゴルに抑留された日本人捕虜については，2016年5月に昭和女子大学で開催されたシンポジウム「日本人のモンゴル抑留とその背景」で触れたばかりである。従って筆者のモンゴルやモンゴル抑留に関する知見が圧倒的に不足していることから，本稿がソ連領内に抑留された日本人捕虜を考察対象としていることにご容赦願いたい。しかし本稿は，既述のシンポジウムで「モンゴルに抑留された日本人捕虜の死亡率は他のソ連領内のそれと比較して高かった」との発言に刺激を受けたものであり（シンポジウムではその原因と背景を実証してはいない），モンゴルに抑留された日本人捕虜の高死亡率の背景を考察するための一役を担えればとの思いで，筆者の博士号学位取得論文の一部を加筆修正した。本稿が今後モンゴル抑留の日本人捕虜の死亡率を公的史料から精査するための参考になれば幸いである。扱う史料は，筆者が収集したロシア公文書史料，また民間人及び元抑留経験者として長年死亡者名簿の作成に尽力された村山常雄[1]氏のデータである。

　さて，戦後のソ連・モンゴルに抑留された日本人捕虜は611,237人で[2]，そのうちおよそ1割が祖国に戻ることなく亡くなった。日本人捕虜が死

亡した背景には，ノルマ式の強制労働，氷点下を大きく下回る過酷な自然環境，劣悪なラーゲリ施設環境，不十分な食糧配給や医療衛生措置による身体的負担，疾病，障害の発生，ソ連式プロパガンダ教育による精神的心理的ストレスなどがあった。ソ連の捕虜ラーゲリ管理局側は，死亡した捕虜各々の氏名，生年月日，出生地，軍歴，軍の階級，死亡原因，死亡日時，埋葬場所などを記録した名簿を管理すべきであったが，戦後のソ連には，特に抑留初期において，連邦内全てで死亡した外国人捕虜の記録を正確に残すことができるほど，組織力，管理能力，システム共々備わっていなかった。そのため，実際何人がソ連領内で死亡したのかについて，戦後71年を経た現在も正確な数字は分かっていない。厚生労働省によると，約5万5,000人がソ連・モンゴルで死亡したと発表しているが（うちモンゴルは2,000人），全ての死亡者の名前，死亡原因，埋葬場所が分かっているわけではない（死亡者リストに存在しないが，祖国に帰還しなかったという理由で死亡扱いになったケースもある）。

　本稿は抑留初年度に焦点を当てているが，これは村山の調査結果[3]（以下村山リスト）や抑留経験者の主張を手がかりとするものである。これまでの先行研究では，ロシア公文書史料から村山リストを検証し考察する研究が行われていないため，本稿はこの穴埋めを行う（村山は1990年以降より独力で死亡者情報をロシアの公文書館から収集，46,303人分までの名簿作成を完了し逝去した。ちなみに，村山氏が発表した死亡者数は，ソ連・モンゴルに抑留された日本人捕虜の死亡者数調査と遺骨取集を担当する厚生労働省がロシア政府から公式ルートで入手した数を上回っている。厚労省が2016年7月29日に発表した「強制抑留の実態調査等に関する取組状況」によると，合計39,474人の氏名，生年，出生地の照合が完了している）[4]。

1．抑留初年度の死亡者数

　抑留経験者の間では，抑留初年度の冬から1946年の春までに，最も多くの日本人捕虜が亡くなったと伝えられている[5]（全抑留期間中の死亡者総数のうち約80％が亡くなったと言われている）。村山リストの46,303人分の死亡時期を見ても，最も多くの死亡者を発生させた時期はやはり抑留初年度の冬季で，1946年1月が死亡者数6,861人，続けて同年2月5,504人，1945年12月4,513人の順となっている。村山リストでは，抑留開始から1946年4月までの死亡者数が26,392人，また，抑留開始から1946年12月までの死亡者数は34,998人と発表されている。つまり，村山リストの死亡者総数46,303人のうち76％が抑留1年目の間に亡くなっていることとなり，前述の抑留経験者の主張に近い数字と言える。日本人捕虜にとって抑留1年目がいかに過酷な状況であったのか，想像に難くない。

　ロシア側の研究には，抑留初年度の死亡者数を検証した論文はないが，興味深いことに，ロシアの研究者が主張する日本人捕虜の死亡者総数は，日本政府発表の数を上回っている。例えば，1990年代にソ連・ロシアで初めてソ連における外国人捕虜問題を研究した法学者のウラジーミル・ガリツキー（1990），日本人捕虜問題の権威であるエレーナ・カタソノワ（2005）は，死亡者数を62,068人と主張しており，日本の公式発表より7,068人も多いのである[6]。

　実際の正確な死亡者総数は既述した通り現在も解明途中であるため本稿では議論しないが，現在ある情報に基づき，抑留初年度の死亡者数をロシア側と抑留経験者の主張を付け合わせて推定してみたい。死亡者総数を仮に62,000人とし，抑留初年度の死亡者数を全抑留期間の死亡者総数のうちの80％と想定した場合，ソ連に抑留された日本人捕虜のうち，1年間で死亡した数は49,600人となる。この数は日本の公式発表数の90％分に相当，また全抑留期間をカバーしている村山リストを大きく超えている。しかしながら，この仮定数は完全に無視できるものではなく，今後の研究

の進展によっては，これに近い数字が実証される可能性も指摘できる。

2．日本人捕虜の死亡原因とは

　第二次世界大戦でソ連は連合国内で最も多くの国民を失い，国内経済は混乱を極めていた。そのため戦後のソ連では，労働力不足を外国人捕虜で補っていたが，ソ連の一般国民でさえ困窮し不足していた物資を敵軍の捕虜にも供給しなければならなかった。しかし供給される物資はもちろんソ連国民が優先で，外国人捕虜は後回しであった。日本人捕虜はこのような経済状況下のソ連に送られたのであり，当然戦後1年目が最も過酷であったことは繰り返すまでもない。モスクワの中央政府は建て前上，外国人捕虜を扶養するための条件を指示していたが，これは全くの「お飾り」で，そもそも遂行するだけの物資や能力が当時のソ連には著しく欠けていた。例えば，日本人捕虜の食糧供給は，1945年9月28日の内務人民委員部及び赤軍後方部隊長指令第001117/0013号によって定められていたが[7]，ほとんど指令通りに実行されず，栄養失調者が続出した。この点は後述する。

　ところで，日本政府の公式発表数よりも多い日本人捕虜の死亡者数を主張していたガリツキーは，彼らの主な死亡原因をソ連政府の責任ではなく，日本人の側にあるとの見解を展開しているため，本論へ入る前にガリツキー批判を行っておきたい。

　　　1，高齢，捕虜になるまでの戦闘期間中の負傷，病気，日本人にとって不慣れな厳しい気候条件が原因による病気（特にイルクーツク，チタ，マガダン，その他の州）。
　　　2，日常生活や作業現場での事故死，自殺，日常生活に関するもの，政治的なもの，その他の日本人捕虜による殺人。[8]

このように，ガリツキー（1990）は，日本人捕虜の死亡原因を高齢等による日本人側の身体的問題にあったと主張した。しかしながら，10年後の村山リストでは，死亡した捕虜の大多数が若年層であることが明らかになっている。特に20歳～25歳の者が圧倒的多数を占め（16,617人），その次に多いのが31歳～35歳で（11,201人）であり，彼らは高齢者層には属さない。また，村山リストでは，抑留された中でも高齢に当たる50歳以上の死亡者は235人と桁違いに少なく，ガリツキーの主張と相容れない[9]。ガリツキーはさらにイルクーツク，チタ，マガダン等において，気候条件，高齢，負傷による死亡があったと主張しているが，村山リストは，死亡者名簿一人一人を精査した結果，後述する通りハバロフスク地方に最も死亡者が多かったと分析している。以上のことから，ガリツキーの主張は十分反論に値する。多くの捕虜，それも若者の生命が失われたのは，気候条件や作業現場の事故が主因ではない。
　村山は1946年1月と2月に最も多くの死亡者がいたと分析しているが，この主張をロシア公文書史料から検証してみたい。その際より具体的に実態を検証するため，死亡者に関するデータだけでなく，同時期の捕虜の罹患者の病状も照会する。
　1946年2月19日，捕虜・抑留者管理局の軍医ミハイル・ゼチーロフ[10]中将は，同年1月～2月のソ連全土の日本人捕虜の身体状況や死亡原因について次頁（**史料1～3**）のように報告した[11]。
　死亡者が1,500人～1,600人との結果は村山名簿と比較すると少なすぎるが，**史料1**の入院患者数は両月とも24,000人を超えていて，労働力としてソ連へ移送されたにも関わらず，ソ連政府が少なく見積もっているとしても，およそ4ヶ月で2万人以上が入院している状況は異常と言わざるを得ない（しかし，何らかの自覚症状があっても入院措置が取られなかったケースも多々あると考えられる）。しかも，**史料3**の死亡原因のトップは栄養失調で，約半分を占めていることから，ラーゲリ内の指令第001117/0013号の不履行，食糧配給不足，医療衛生措置の欠陥は明らかであり，この

史料1　罹病率と死亡率

月	診断を受けた捕虜数	入院患者数	入院患者率	死亡者数	全体の死亡率	入院患者数に対する死亡率
1月下旬	411,057	24,258	5.9%	1,567	0.38%	6.4%
2月上旬	419,724	24,421	5.8%	1,657	0.4%	6.7%

史料2　入院患者の診断内容とその割合

診断内容	1月下旬		2月上旬	
	病人の数	割合	病人の数	割合
栄養失調	7,202	29.7%	8,098	33.1%
ひどい胃腸疾患	1,465	6.0%	1,418	5.8%
マラリア	146	0.7%	169	0.6%
結核	1,422	5.9%	1,483	6.0%
肺炎	1,005	4.2%	1,054	4.2%
発疹チフス・回帰熱	2,099	8.6%	1,416	5.7%
腸チフス・パラチフス	401	1.6%	426	1.7%
赤痢	455	1.8%	609	2.0%
その他の病気	10,063	41.5%	9,742	40.8%

史料3　死亡原因とその割合

診断内容	1月下旬		2月上旬	
	死亡者数	割合	死亡者数	割合
栄養失調	809	51.63%	779	47.01%
肺炎	188	12.0%	117	7.06%
結核	135	8.61%	127	7.66%
発疹チフス・回帰熱	86	5.48%	142	8.57%
腸チフス・パラチフス	40	2.56%	42	2.53%
赤痢	83	5.3%	124	7.49%
その他の病気	226	14.42%	326	19.68%

データからも既述のガリツキー論を反証しうる。また，その他の死因に肺炎，結核，チフスがあり，免疫力の低下の克服や伝染病の蔓延をソ連が阻止できなかった点も注目しておきたい。恐らく，もともとの原因が栄養不足によるものであった可能性も排除できない。また，上記**史料1**と後記する**史料5**とを比較した場合，ソ連全体の1946年1月時点での入院患者総数が**史料1**の通り24,258人であるならば，ハバロフスク地方の特別病院にはそのうち18%にあたる4,267人が同時期入院していたこととなり，同地方は極めて罹患者が多いという特徴を持っていたと指摘できる。

実は，日本人捕虜の死亡率は同時期に抑留されていたドイツ人捕虜の2倍以上であった[12]。1947年1月15日ニコライ・ラトゥシュヌイ[13]は，1946年の日独の捕虜の死亡率を比較した報告書を作成しているが，ドイツ人捕虜の死亡率は1946年1月から12月までに10倍低下，一方，日本人捕虜は同時期22倍低下したと記している。つまり，ラトゥシュヌイ報告文からも，1946年に日本人捕虜の死亡者数がいかに多かったかが推測できるのである（最大の死亡原因は日独共に栄養失調であった）[14]。

3．ハバロフスク地方の高死亡率の背景

　さて，ハバロフスク地方に最も多くの死亡者がいたことは村山リストで明らかであるため，他の地方や州との比較照会を本文で行うことは省略するが[15]，なぜハバロフスク地方に最大の犠牲が生まれたのかは以下3つの理由を指摘できる。まず，ソ連の中央政府がハバロフスク地方に予定数を大きく超過する日本人捕虜を移送させたことである。ハバロフスク地方には，もともと1945年8月23日の最初のスターリン極秘指令（国家防衛委員会決定第9898号）で65,000人の日本人捕虜が配置される予定であったが[16]，実際はこれを大きく超過した13万人以上が，1945年9月末の時点でハバロフスク地方へ向けて移送される準備がなされており，9月末までに3万人の移送が完了していた[17]。ハバロフスク地方の収容者数が予定数を大きく上回ったのは，ソ連赤軍が50万人の日本人捕虜のソ連移送を想定していたところ，10万人以上も多く捕虜を捕捉したため，急遽超過人数分をどこかの地方へ配置せざるを得なかったことがある。満洲から最も近い極東のハバロフスク地方がその受け入れ先として選抜されのは自然な流れと言えよう。しかしその結果，ハバロフスク地方のラーゲリは移送された捕虜で溢れた飽和状態に陥り，中央政府が指示する捕虜扶養条件を遂行することが困難となり，これが同地方の日本人捕虜の高死亡率に影響していったと推測できる。つまり，ハバロフスク地方の死亡率の高さは最初

から運命づけられていたのである。

　もう一つの要因は，日本人捕虜の受け入れを担当したハバロフスク地方政府の体制の問題である。同地方政府は，予定数を大きく上回る日本人捕虜の管理に対して初期の段階から抵抗感を露わにしていた。同地方政府のイヴァン・ドルギフ[18]は，「1945年9月15日～23日までにハバロフスクに到着した28,000人の日本人捕虜は，食料を供給されず，冬用の衣服や寝具も全くなく，捕虜編隊の到着について，国家防衛委員会決定第9898号が要求するような内容が保障されていないことをベリヤへ伝えなければならない」とソ連赤軍宛てに報告していた[19]。ソ連政府の定めるノルマでは，一人当たり0.95平方メートルの居住面積を与えねばならなかったが，1945～46年の抑留初年度，ハバロフスク地方の第1，16，17，19，20ラーゲリでは，一人当たり0.5～0.6平方メートル以上の居住面積を与えることさえできなかった。ラーゲリに配置できなかった日本人捕虜は，修繕されていない半壊状態の建物や土小屋，そして一部暖房がない病院へ収容された[20]。

　ハバロフスク地方政府だけでなく捕虜の移送を担当したソ連赤軍にも問題があった。多くの捕虜が満洲の集結地やソ連移送中の貨車の中で衰弱し始め，病気になっていた。例えば，満洲から到着した第42360大隊の捕虜のうち約70％は病人と衰弱者[21]，第42334大隊は997人中290人が病人，移動中に3人が死亡，第42361大隊は991人中200人が栄養失調や衰弱者，第42360大隊は1945年10月13日にコムソモリスク・ナ・アムーレへ到着した992人中700人が長期間治療の必要な病人や栄養失調等が原因の衰弱者であった[22]。戦後の混乱でソ連赤軍には移送中に日本人捕虜の健康を管理し処置できるだけの余裕はなかったという言い訳も存在するが[23]，抑留初年度の高死亡率の背景には，ソ連到着後の受け入れ管理体制の問題だけでなく，無理な移送と移送時の捕虜取扱いの酷さも一つの要素として挙げられることを指摘しておく（満洲から最も近い極東地域でさえ，到着時の捕虜の健康状態が劣悪であったことから，より長期間に渡り貨車でウ

ランバートルまで移送された日本人捕虜は，さらに酷い健康状態で到着したと考えられる）。

　さて，以下**史料4，5**は1945年11月～12月までのハバロフスク地方

史料4　1945年11月～12月のハバロフスク地方の各ラーゲリ・特別病院における死亡率について[24]

ラーゲリ及び特別病院名	11/10までの死亡者数	11/10～11/30までの死亡者数	12/1～12/31までの死亡者数	総死亡者数
第1ラーゲリ	—	110	48	158
第2ラーゲリ	—	—	25	25
第3ラーゲリ	—	6	9	15
第4ラーゲリ	25	81	259	365
第5ラーゲリ	19	53	144	216
第16ラーゲリ	57	21	44	122
第17ラーゲリ	35	35	36	106
第18ラーゲリ	271	351	434	1,056
第19ラーゲリ	7	7	18	32
第20ラーゲリ	3	11	41	55
第21ラーゲリ	3	11	4	18
第22ラーゲリ	—	3	4	7
第46ラーゲリ	—	10	113	123
第45特別施設	—	—	—	—
第1327特別病院	—	—	63	63
第2017特別病院	—	—	26	26
第2929特別病院	—	—	39	39
第893特別病院	—	—	109	109
第1893特別病院	—	—	5	5
第888特別病院	—	—	25	25
第1449特別病院	—	—	—	—
合計	420	699	1,446	2,565

史料5　1946年1月1日までにハバロフスク地方の特別病院に収容された人数[25]

特別病院名	病院番号	人数
ハバロフスク特別病院	1327	946
ザビチンスク特別病院	2017	191
ビロビジャン特別病院	2929	511
コムソモリスク特別病院	893	372
ホール特別病院	1893	300
ムーリー特別病院	1449	774
クリドゥール特別病院	1339	378
ニコラエフスク特別病院	878	111
ティルマ特別病院	1407	641
オヒンスキー特別病院	131	43
エボロンスキー特別病院	4923	移送中
合計人数	—	4,267

の各ラーゲリ及び特別病院における死亡者数と，翌年1月の特別病院に入院した患者数を表したものである。

　日本人捕虜のラーゲリでは大戦の影響でソ連人医師の不足が顕著に見られたが，尻の肉をつまむという「一応」の捕虜の身体検査は行われていた。しかし，ラーゲリ当局側は，明らかに肉体労働に耐えられない者以外強制的に野外作業へ駆り出していたため，多少の熱や倦怠感，衰弱であっても，ノルマのためと無理やり労働させられていた捕虜が多かった。従って，実際の日本人捕虜の身体状況と，ソ連側が「病気休養」「作業中止」と判断し特別病院へ移送した捕虜の状態との間には大差はなく，特別病院に送られなかったが病人と判断しうる日本人捕虜は，実際**史料**5の人数の他にも多数いたと思われる。これは，ロシアの公的文書の記録**史料**4にある通り，ハバロフスク地方では日本人捕虜がソ連へ移送されてからおよそ4ヶ月の間に，毎日平均で20人以上が死亡していたことからも明らかである。しかも，1945年12月末までに前々月比の3倍以上死亡者数が増加しているため，同地方に収容された捕虜が初年度を生き延びること自体いかに厳しいことであったかを容易に想像させる。特にコムソモリスクにある第18ラーゲリの死亡者数は他のラーゲリに比して奇異に高かった。ハバロフスク地方政府のドルギフは「コムソモリスク第18ラーゲリの1945年の死亡率は，ハバロフスク地方のラーゲリの捕虜死亡者総数の40％以上を占めていた。第18ラーゲリは，1945年9月18日に到着した最初の大隊のほとんどが2～3級レベルの栄養失調にかかっていた。」[26]と指摘し，移送前または移送中のソ連赤軍の責任を示唆しているが，捕虜の飽和状態にあったハバロフスク地方の受け入れと扶養体制にも同ラーゲリの高死亡率の原因があったと言わざるをえない。また，**史料**5のデータから，1946年1月の時点で，ハバロフスク地方だけで4,000人以上が特別病院に配置され，11施設のうち500人以上の患者を収容している捕虜の特別病院が4施設，300人以上を収容している病院が7施設もあったという興味深い事実も留意しなければならない。

4. ソ連中央政府の対策

中央政府があるモスクワでは、ソ連内務人民委員部が早くから日本人捕虜の生活条件の悪さを把握していた。例えば、1945年10月6日付沿海州軍管区の報告書では、第4項に「捕虜の食糧問題については、定められたノルマ供給に著しく違反している。パンの質は低く、コーリャンやトウモロコシの粉で焼いたものが与えられている。第4ラーゲリでは倉庫の野菜を捕虜に供給していないにも関わらず、支給報告書にはノルマに従った完全なものが記入され、ごまかしが行われている」と記録されていた[27]。

モスクワでは、1945年11月13日にクルグロフ内相が、外国人捕虜の配置状況や生活維持に関して、次のような訓令第199号を出した。

1, ラーゲリ内を暖め、快適で暖かく適した設備を作ること。
2, 十分に収容できるバーニャ、洗濯場、消毒室のためや感染病予防費を捻出するためにきちんとした感染病予防課を組織すること。医療施設を開設し、頑丈で柔らかい備品を準備し、医薬品や医療道具を提供すること。
3, 国の栄養条件を保障すること、そして各捕虜に定められた食事ノルマを保障すること。朝食に暖かい食事を加え、工場でその配給を準備すること。
4, 季節に応じた服と靴を履かせた者だけを野外作業に出すこと。凍傷の発症を防止する全ての対策を立てたのち、作業施設に暖を取る場の設備を取り付けること。[28]

しかし、上記モスクワの訓令は各地方ラーゲリの現場の実情とかけ離れた「建て前」指示であり、最もモスクワから遠いハバロフスク地方では特に実現しうる見込みさえなかった。結果、上記訓令第199号の後も、既述の通り同地方のラーゲリ内の死亡率の上昇は止められず、状況は一向に

改善しなかった。

　再度，モスクワのクルグロフは1946年1月16日付で捕虜・抑留者ラーゲリにおける罹病率と死亡率を低下させるための訓令第16号を発令した。この訓令は，標準的な日常生活環境，正しい栄養供給，労働使役の規正が十分に遂行されていないことにより捕虜の罹病率が高くなったとするモスクワの言い分が背景にあった。つまり，各ラーゲリが訓令を守らないため，その遂行能力をモスクワが問題視した訓令と解釈できる。そして新たな訓令では以下の内容が指示された。

① 1月～3月までに労働のできる3グループの捕虜全てを健康増進用のラーゲリ支部へ送り，1945年のソ連内務人民委員部指令第00540号[29]のノルマに従って食事を与えること。
② 各ラーゲリに健康増進用の支部を作り，治療を施すために衰弱した捕虜を集めること。
③ 栄養失調で衰弱した者や健康増進用のラーゲリ支部にいる捕虜のために，別途治療用の食事を正しく与えるよう注意すること。[30]

　当然ながら，1946年1月の訓令でも効果はすぐに出なかった。既述の村山リストとロシア公文書史料から明らかなように，最も多くの死亡者はこの年の1月と2月に発生していた。おそらくクルグロフは改善しない状況に焦りと苛立ちを覚えたことだろう。1946年2月にベリヤに対して次のような報告書を書いている。

　　極東やシベリアのラーゲリに収容されている日本人捕虜は，被服，下着，寝具等が完全に供給されていない。ラーゲリには製靴道具，ミシン，その他修理工場の設備等がない。修繕の材料，特に靴用のものが無く，捕虜の被服や靴はボロボロで修繕を要するが，できて

いない。[31]

　他方，日本人捕虜は自助努力で生活条件の改善に努めていた。日本人捕虜はラーゲリで衣服を大事にし，破れたら何度も補修した。抑留経験者の寺田新次郎によると，衣服を縫う針を，炭鉱の機械の切れたワイヤーから手作りし，糸は作業衣のほつれから一本ずつほじくり出したという[32]。

　クルグロフは 1946 年 2 月，赤軍後方部隊長のフルリョフに日本人捕虜のための寝具，被服，靴を十分支給できるだけの，または修繕できるだけの物資を確保，供給することを命じたが[33]，これも中央政府の指令で求められた内容とラーゲリの実態との乖離が著しい「建て前」指示に過ぎなかった。

　ソ連は戦後の経済復興を外国人捕虜の労働力で補填し進めていくはずであったが，しかしながら日本人捕虜の高死亡率はこの計画を遅延させる危険を孕んでいた。そのためソ連政府は，極秘裏にこの状況を解決するある対策を講じていた。1946 年から衰弱して労働に適さない日本人捕虜を隣国の朝鮮半島（現在の北朝鮮）へ移送，彼らの代替えとして朝鮮半島にいる健康で労働に適した元日本人将兵を受け入れ始めたのである[34]。戦後の経済復興の労働力として抑留した日本人捕虜が使い物にならないことは，ソ連の経済復興に利益をもたらさないだけでなく，扶養し続けること自体むしろソ連経済にとってマイナスになるため，これを少しでも緩和させようというソ連政府の苦し紛れの策であった。

　それでも，衰弱した日本人捕虜が本来もたらしたであろう経済効果の全てを，朝鮮半島から移送された日本人捕虜で補うことはできなかったようである。ソ連政府はより本腰を入れてこれ以上罹病者や死亡者が増えぬよう，ラーゲリ内の状況を組織的に改革し始めていった。チェルニショフは 1946 年 3 月 1 日，訓令第 50 号「軍事捕虜・抑留者のラーゲリ内における感染性胃腸炎の発症やその蔓延に対する予防策の実行に関して」にて，中央政府として以下のような改善策を指示した。

1, 至急，軍事捕虜・抑留者の胃腸疾患に対する予防接種を実施し，1946年5月15日ごろまでに終えること。
2, 同時にごみ収集所，便所を清掃し，絶えず模範的な衛生状態を保つこと。
3, 給水源の整備と状態を検査すること。軍事捕虜・抑留者に良質な飲料水を保障すること。必要に応じて，塩素殺菌した水を作ること。
4, 食糧の輸送と保存に関する衛生規定を作ること，そして当然食事の支度や分配の実行を常に監視し模範的状態を維持しつつ，食料品の衛生状態に特別の注意を払うこと。
5, 適宜掃除を行い，消毒液をふりかけ，ハエが繁殖する場所を駆除しつつ，ハエを駆除する組織的対策を取ること。
6, 全ての下痢患者をバラックから特別な隔離室へ移送すること。
7, 手洗い，食事前の飯盒洗いに特に注意を払い，捕虜・抑留者の個人の衛生規則の行いを常に監視すること。
8, 感染性胃腸炎の発生と拡大に対する予防策を実施するには，1944年3月22日付内務人民委員部指令第133号[35]に従うこと。[36]

　訓令第50号は，これまで食糧，被服のノルマ遂行を中心に指示していた命令と異なり，医療や衛生面に焦点が当てられ，日本人捕虜の健康状態を根本的に保護，改善するよう指示した点が特徴であった。特に水の管理は重要で，不衛生な水の飲料等が原因で細菌が体内に入りこみ，激しい下痢やその他の病を引き起こしていた[37]ことに注目した訓令第50号は，これまでの指令と比べて画期的なものであった。しかし裏を返せば，1946年の春ごろから中央政府が捕虜の長期的な使役と抑留を効率的に続けるために，ラーゲリ敷地内の消毒や水の塩素殺菌という具体的な衛生面の改善に目を向け始めたとも指摘できる。

史料6　1947年2月20日付日本軍軍事捕虜数及びその配置状況[38]

No.	共和国，州，地方名	合計人数	内訳 ラーゲリ	内訳 病院	内訳 武力省の大隊
1	沿海地方	66,470	39,788	2,369	24,313
2	ハバロフスク地方	162,562	142,767	7,672	12,123
3	チタ州	33,011	25,256	742	7,013
4	モンゴル・ブリヤート自治共和国	14,585	13,976	609	―
5	イルクーツク州	55,011	49,917	1,622	3,472
6	アルタイ地方	9,063	9,063	―	―
7	クラスノヤルスク州	17,971	17,116	―	855
8	ケメロヴォ州	6,385	6,385	―	―
9	スヴェルドロフスク州	1,984	―	―	1,984
10	チカロフスク州（現；オレンブルク州）	1,086	―	―	1,086
11	バシキール自治共和国	707	―	―	707
12	タタールスタン自治共和国	9,444	9,441	3	―
13	カザフ共和国	36,659	35,297	―	1,362
14	トルクメン共和国	1,710	1,710	―	―
15	ウズベク共和国	23,682	22,530	546	606
16	グルジア共和国	2,615	2,462	153	―
17	ウクライナ共和国	5,132	4,859	273	―
18	タンボフ州	3,772	3,561	211	―
19	ロストフ州	1,349	1,349	―	―
20	モスクワ州	1,495	1,495	―	―
合計		454,693	386,972	14,200	53,521

5．ソ連政府の対策の効果

　では，訓令第50号以降のラーゲリ内はどのように変化したのか。上記訓令から約1年後の状況についてまとめたソ連領内の日本人捕虜の配置状態を記録した報告書（**史料6**）を紹介する。

　1947年2月，ハバロフスク地方には7,672人の日本人捕虜が病院に収容され，この数は他の地域と比べて最も多く，約1年前の1946年1月時より増えている。病院収容者の数が記録されていない地域もあるが，ソ連側が故意に不都合なデータを載せなかったと推測しても，ハバロフスク地方の状況の厳しさ，中央政府の訓令が同地方のラーゲリの現場でほぼ効果をなしていないことが分かる[39]。ちなみに，モンゴルの病院収容者609人は，全体から見ると少数に値するが，モンゴルでの死亡者総数1,615人を

史料7　1, 身体状況

月	医療検査が行われた捕虜の数	内訳 / グループ						
		第1	第2	第3	第4	OK[40]	軍病院にいる病人	労働不可
6/1 現在	401,552	148,144 (36.9%)	164,464 (40.8%)	36,526 (9.2%)	1,381 (0.3%)	32,950 (8.3%)	13,563 (3.3%)	4,524 (1.2%)
7/1 現在	392,953	157,003 (40.0%)	165,780 (42.1%)	32,025 (8.1%)	1,737 (0.5%)	21,581 (5.5%)	9,632 (2.4%)	5,195 (1.4%)

史料7内の各グループの説明は次の通り。
第1グループ：ほぼ健康で重労働を遂行できる重度の疾患や身体障害のないすべての捕虜。
第2グループ：慢性病または身体障害のある，限定された肉体労働ができる捕虜。
第3グループ：軽い肉体労働のできる重度の慢性病または身体障害のある捕虜。
第4グループ：重度の慢性病や身体障害のある傷病者で，全く労働ができず傷病者用に独立して準備された労働のみできる者。[41]

考慮すると罹病者が多いことを指摘できる。

続けて**史料7**も見てみたい。ゼチーロフの1947年7月27日付報告書「内務省ラーゲリ，武力省及び保健省の特別病院にいる日本人軍事捕虜の健康状況，罹病率，死亡率に関して」[42]である。

史料7より，訓令第50号から1年2ヶ月経った1947年5月～6月末の時点でも，捕虜の健康状態に関しては状況が大きく改善したとは言えない。例えば，第1グループにあたる健康で身体的にも異常のないとされる捕虜は全体の中の約40％しかなく，2.5人に1人が健康状態に問題がある状況で，明らかに異常と言える。つまり日本人捕虜のほとんどが，日常的に何らかの疾患や身体的不都合を抱えながら労働作業に従事し，ラーゲリ生活を送っていたと思われる。日本へ帰還した後もソ連抑留が原因で発症した病気や障害によって，後遺症を持つ捕虜が多数いたことも納得せざるを得ない[43]。

続けて，上記1947年7月のゼチーロフ報告書で記録されていた日本人捕虜の罹病率と，死亡原因（**史料8**）を確認しておきたい[44]。

上記**史料8**と，2節で既述した1946年2月19日付の**史料1**とを比較した際，死亡者数は大きく縮減していることが分かる。気候が暖かい時期の記録であることは考慮すべき要素であるが，抑留初年度の死亡数と比べ

史料8　2,罹病率

7月	捕虜数	病人数	病人の割合	死亡者数	死亡者数の割合	病人数に対する死亡者の割合
上旬	391,619	9,561	2.4%	65	0.016%	0.6%
中旬	394,528	10,341	2.6%	57	0.015%	0.5%

史料9　3,病人数とその内訳

診断内容	7月上旬		7月中旬	
	病人の数	割合	病人の数	割合
栄養失調	1,193	21.5%	1,115	10.8%
ひどい胃腸の病気	1,357	14.1%	1,604	15.5%
マラリア	396	11.1%	551	5.4%
結核	1,059	1.9%	1,075	10.4%
肺炎	174	0.08%	155	1.5%
発疹チフス・回帰熱	8	0.3%	—	—
腸チフス・パラチフス	31	0.9%	35	0.3%
赤痢	88	54.9%	140	1.3%
その他の病気	5,255	—	5,666	54.8%
合計	9,561	100%	10,341	100%

史料10　4,死亡率

診断内容	7月上旬		7月中旬	
	死亡者数	割合	死亡者数	割合
栄養失調	14	21.5%	17	29.8%
肺炎	1	1.5%	3	5.2%
結核	18	27.6%	23	40.3%
発疹チフス・回帰熱	—	—	—	—
腸チフス・パラチフス	—	—	—	—
赤痢	1	1.5%	2	3.5%
その他の病気	31	47.6%	12	21%

て桁違いに少なくなっている。また，罹患者の病状を表した**史料9**は，2節で紹介した**史料2**と比較して，栄養失調の割合が1946年2月上旬の33%から，約3分の1にまで減少している。さらに続けて死亡原因の内訳（**史料10**）を見てみたい。

　1946年2月には約半数が栄養失調で死亡していたが，1947年7月の記録では栄養失調での死亡率は約20%～30%に減少している。これがラー

ゲリの食糧事情，医療，生活条件を改善する政府の指示の結果によるものであるのかは，今後の研究で具体的に精査していきたいが，政府の政策も栄養失調者数の減少に影響を与えた一つの要素として考慮されうる可能性はある。しかし相変わらず結核の比率が高いことは，感染者の隔離が徹底できていなかったソ連側の医療措置の悪さを指摘できる。無事日本へ帰還した捕虜の中には，循環器系統（特に呼吸器）の著しい不調を訴える者がいて，「肺結核」と診断されたケースも多々発生していたとのことである[45]。

おわりに

　日本外務省は1946年1月，佐世保引揚げ援護局終戦連絡佐世保事務局連絡班の西川領事館補からある情報を入手していた。「（日本人捕虜は）入ソ一か月にして下痢患者続出し栄養失調に至るもの増加。12月，1月の間に各ラーゲリ被収容者2,000人中500余の死者を出せり。」[46]。2,000人が収容されている地区名は言及されていなかったが，日本は1946年1月の時点でソ連に抑留された日本人捕虜の多くが死亡している可能性があると知り得ていたのである。しかし日本人捕虜の帰還交渉は長引き，米占領軍とソ連との間に引揚協定が締結されたのは1946年12月19日で，既に多くの日本人捕虜が死亡した後だった。日本外務省がソ連からの帰還者を直接調査したのは，最初の帰還船が到着した1946年12月末で，その際もソ連のラーゲリに収容されている日本人捕虜の過酷な状況を再確認していた。「下痢，凍傷は労働を免除されないのみか，本人の不注意によるものとして営倉に入れられることもあり。また発熱38度以下の患者に対しても休養を許さないという。帰還者が均しく甚だしい不自由を訴えているのは，水の不足（特にスーチャン及びアルチョム地区）と屋外便所にて用を足すことは健康者にとっても極めて苦痛であるが，特に軽症患者はそのため病症を重くしていると言われる。」[47]。日本政府が当時このような状況を知

り得ても，彼らの早急な帰還を導けなかったことは後悔してもしきれない。

さて，本稿は，抑留1年目に大量の死亡者を発生させた原因と背景を以下の5点にまとめて終えたい。

① 中央政府が予定数を大きく上回る数の日本人捕虜をハバロフスク地方へ移送，ラーゲリの飽和状態に陥らせたこと。
② ハバロフスク地方政府の日本人捕虜受け入れ体制が整っていなかったこと。
③ ソ連への移送過程ですでに多くの日本人捕虜が衰弱しこれを放置していたソ連赤軍にも責任の一端があったこと。
④ ラーゲリでは，外国人捕虜へ配給する食糧が不足し栄養失調者を多数発生させていたが，ソ連政府がこれに気づいた後も改善と克服まで至らなかったこと。
⑤ ラーゲリの医療衛生管理が徹底されず，下痢や感染症を回避できていなかったこと。
⑥ ソ連中央政府の命令が現場の地方政府及びラーゲリにとって明らかに遂行できない内容であったこと。

以上，本稿はソ連抑留1年目の日本人捕虜の高死亡率の背景とソ連政府の対策をハバロフスク地方を例に考察してきたが，今後はソ連抑留期間全体の死亡率と死亡者数の推移を地方・州・共和国ごとに考察する作業，また，モンゴルに抑留された日本人捕虜の高死亡率の解明をロシアの公的史料から精査していく研究が求められる。本稿が将来その手助けとなれば幸いである。

註

1　1926年新潟県生まれ。敗戦後ソ連軍の捕虜となり，ハバロフスク地方に抑留，49年に帰国。自身の70歳の誕生日を期に「シベリア抑留中死亡者デー

タベース」を作成。2006年吉川英治文化賞受賞。2009年自費出版文化賞大賞受賞。著書に『シベリアに逝きし人々を刻す――ソ連抑留中死亡者名簿』(七つ森書館，2009年)。2014年5月11日永眠。

2 　小林昭菜，法政大学大学院博士学位取得論文『戦後のソ連における日本人軍事捕虜1945年～1953年』(2015年)。

3 　http://yokuryu.world.coocan.jp/

4 　「強制抑留の実態調査に関する取組状況」(厚生労働省HP，2016年7月29日)。

5 　ソ連における日本人捕虜の生活体験を記録する会『捕虜体験記 歴史総集編』(狛江［私家版］，1998年，p.201)。

6 　В.П.Галицкий, "Архивы о лагерях японских военнопленных в СССР", *Проблемы Дальнего Востока*, 1990. № 6, с.116 (ウラジーミル・ガリツキー「ソ連の日本人軍事捕虜収容所の記録」『極東における諸問題』1990年第6号，p.116), Е.Л.Катасонова, *Японские военнопленные в СССР: большая игра великих держав*, ИВРАН, Москва, 2003. с. 46 (エレーナ・カタソノワ『関東軍兵士はなぜシベリアに抑留されたのか』白井久也監訳，社会評論社，2004年。なお本稿は原文のp.46を参照した)。

7 　М.М.Загорулько, *Военнопленные в СССР. 1939-1956гг. Документы и материалы*, Москва, 2000, сс. 390-393 (マキシム・ザゴルリコ『ソ連における軍事捕虜1939～1956年――資料とデータ』，モスクワ，2000年，pp.390-393)，本指令では，病人以外の軍事捕虜（将官，将校，兵卒，下士官）はパン300グラム，米300グラム等が定められている。また，味噌（将官：120グラム，将校：50グラム，兵卒・下士官：30グラム）もノルマに課されているが，関東軍のストックを利用したとしても，約60万人分の味噌や米を継続して調達，支給することは物理的に不可能に近かったと思われる。

8 　Галицкий. В.П. "Архивы о лагерях японских военнопленных в СССР", с.116 (ウラジーミル・ガリツキー，前掲「ソ連における日本人軍事捕虜と抑留者」，p.116)。

9 　http://yokuryu.world.coocan.jp/graph.html. 2016年9月14日調べ。

10 　1892年カリーニン州（現在のトヴェリ州）ルジェフ生まれ，陸軍中将，医療課所属。

11 　М.М.Загорулько, *Военнопленные в СССР. 1939-1956гг*, сс. 484-485 (マキシム・ザゴルリコ，前掲『ソ連における軍事捕虜1939～1956年――資料とデータ』，pp. 484-485)。

12 　同上。

13　1906年キエフ州生まれ、陸軍少将、外国人捕虜・抑留者管理総局副局長。
14　РГВА（ロシア国立軍事文書館）、Ф.1/a, оп.17, д.1, л.6-7.
15　村山リストではハバロフスク地方：11,091人、沿海地方7,656人、チタ州7,346人の順となっている。
16　ソ連国家防衛委員会決定第9898号。
17　РГВА（ロシア国立軍事文書館）、Ф.1/п, оп. 01-е, д.41. л.30-31.
18　1904年オリョール州生まれ、陸軍中将。ハバロフスク地方内務省管理局長。
19　В.А.Гаврилов, Е.Л.Катасонова, *Японские военнопленные в СССР*, Международный фонд Демократия, Москва, 2013, сс. 33-34（ヴィクトル・ガヴリロフ、エレーナ・カタソノワ『ソ連に於ける日本人軍事捕虜』国際基金デモクラチア、モスクワ、2013年、pp. 33-34）。
20　РГВА（ロシア国立軍事文書館）、Ф.1/п, оп. 35а, д.51. л.8.
21　1945年8月23日付指令第9898号に従うと、移送する大隊は各1,000人で編成されていたため、この場合1,000人中700人が労働に適さない病人や衰弱者という解釈が可能になる。
22　РГВА（ロシア国立軍事文書館）、Указ. соч., д.51. л.11-12.
23　昭和女子大学でのシンポジウムにおいてカタソノワは、メレツコフ第一極東方面軍司令官自身がインタビューで「（ソ連軍には）捕捉した将兵の命を救うだけの選択肢しかなかった」と語ったことに言及していた。
24　РГВА（ロシア国立軍事文書館）、Ф.1/а, оп. 15, д.13. л.86.
25　РГВА（ロシア国立軍事文書館）、Там же, л.95.
26　А.Гаврилов, Е.Л.Катасонова, *Японские военнопленные в СССР*, с. 55（ヴィクトル・ガヴリロフ、エレーナ・カタソノワ、前掲『ソ連に於ける日本人軍事捕虜』、p.55）。РГВА（ロシア国立軍事文書館）、Ф.1/п, оп. 35а, д.51. л.12.
27　А.Гаврилов, Е.Л.Катасонова, *Японские военнопленные в СССР*, 2013, с. 37（ヴィクトル・ガヴリロフ、エレーナ・カタソノワ、前掲『ソ連に於ける日本人軍事捕虜』、p.37）。
28　ГАРФ（国立ロシア連邦文書館）、Ф.9401, оп.12, д.205. Т.1, Т.2, л.2-2об.
29　1945年5月19日付ソ連内務省指令「軍事捕虜の食糧配給ノルマの修正に関して」で定められた項目に従い、日本人軍事捕虜に供給せよ、との意味。詳しい指令内容は、ザゴルリコのpp.380-385を参照されたい。
30　ГАРФ（国立ロシア連邦文書館）、Ф.9401, оп.12, д.205. Т.1, Т.2, л.141-142.
31　А.Гаврилов, Е.Л.Катасонова, *Японские военнопленные в СССР*, 2013, с.

	69（ヴィクトル・ガヴリロフ，エレーナ・カタソノワ，前掲『ソ連に於ける日本人軍事捕虜』，p.69）．
32	長勢了治『シベリア抑留全史』（原書房，2013 年，pp. 301-302）。
33	А.Гаврилов, Е.Л.Катасонова, *Японские военнопленные в СССР*, 2013, с. 69（ヴィクトル・ガヴリロフ，エレーナ・カタソノワ，前掲『ソ連に於ける日本人軍事捕虜』，p.69）．
34	同上，ps.80-81, 87。本稿では北朝鮮へ抑留された日本人軍事捕虜を考察対象としていないため，詳しい言及はしない。
35	*Русский архив: Великая Отечественная (5-4)*,ТЕРРА, Москва, 1996, с. 133. «Приказ Народного Комиссара внутренних дел СССР No.133 о санитарно-противоэпидемических мероприятиях на весенне-летний период 1944 г. лагерях военнопленных».（『ロシア公文書史料集大祖国戦争』TERRA，モスクワ，1996 年，p.133，ソ連内務人民委員部指令第 133 号「1944 年春夏期の衛生防疫政策について」を参照されたい）．
36	ГАРФ（国立ロシア連邦文書館），Ф.9401, оп.12, д.205. Т.1, Т.2, л.143-145.
37	戦後強制抑留史編纂委員会『戦後強制抑留史第 4 巻』（平和祈念事業特別基金，2005 年，p. 56）。
38	А.Гаврилов, Е.Л.Катасонова, *Японские военнопленные в СССР*, 2013, с. 88（ヴィクトル・ガヴリロフ，エレーナ・カタソノワ，前掲『ソ連に於ける日本人軍事捕虜』，p.88）．
39	ちなみに，村山データによると，アルタイ地方：2,637 人，クラスノヤルスク地方：1,991 人，ケメロヴォ州：327 人，カザフスタン共和国：1,521 人，トルクメニスタン共和国：72 人の死亡者がいたと報告されているが，史料 6 では右地域には病人がいないことになっている。http://yokuryu.world.coocan.jp/graph.html（2016 年 9 月 14 日閲覧）。
40	Оздоровительные Команды の略。衰弱した捕虜のための保養グループのようなもの。
41	М.М.Загорулько, *Военнопленные в СССР. 1939-1956гг*, с. 548（マキシム・ザゴルリコ，前掲『ソ連における軍事捕虜 1939 〜 1956 年──資料とデータ』，p. 548）．
42	М.М.Загорулько, *Военнопленные в СССР. 1939-1956гг*, сс. 494-496（マキシム・ザゴルリコ，前掲『ソ連における軍事捕虜 1939 〜 1956 年──資料とデータ』，pp. 494-496）．
43	戦後強制抑留史編纂委員会『戦後強制抑留史』（［第 4 巻］平和祈念事業特別

44　M.M.Загорулько, *Военнопленные в СССР. 1939-1956гг*, cc. 494-496（マキシム・ザゴルリコ，前掲『ソ連における軍事捕虜 1939 〜 1956 年——資料とデータ』，pp. 494-496).

45　戦後強制抑留史編纂委員会，前掲『戦後強制抑留史第 4 巻』（p.56）。

46　日本外務省外交史料館「シベリア地区日本人生活状況に関する件」（『ソ連地区法人引揚各地状況ソ連本土の部第一巻』，K, 7, 1, 2, 2-1）。

47　日本外務省外交史料館「ソ連地区（沿海地方）第一次帰還者に対する調査復命書」（同上，K, 7, 1, 2, 2-1）。

参考文献

（日本語）

「強制抑留の実態調査に関する取組状況」（厚生労働省 HP，2016 年 7 月 29 日）．

小林昭菜「"シベリア抑留"研究の現状と課題——日露の先行研究から」（『異文化・論文編』[法政大学国際文化学部紀要] 第 11 号，2010 年）．

小林昭菜「ドイツ人軍事捕虜の"反ファシスト運動"1941 年〜 1948 年——"シベリア民主運動"発生のケースと比較して」（熊田泰章編『国際文化研究への道　共生と連帯を求めて』彩流社，2013 年）．

戦後強制抑留史編纂委員会『戦後強制抑留史』（[第 4 巻] 平和祈念事業特別基金，2005 年）．

ソ連における日本人捕虜の生活体験を記録する会『捕虜体験記 歴史総集編』（狛江 [私家版]，1998 年）．

長勢了治『シベリア抑留全史』（原書房，2013 年）．

日本外務省外交史料館「シベリア地区日本人生活状況に関する件」（『ソ連地区法人引揚各地状況ソ連本土の部第一巻』，K, 7, 1, 2, 2-1）．

日本外務省外交史料館「ソ連地区(沿海地方)第一次帰還者に対する調査復命書」（『ソ連地区法人引揚各地状況ソ連本土の部第一巻』，K, 7, 1, 2, 2-1）．

村山常雄『シベリアに逝きし人々を刻す——ソ連抑留中死亡者名簿』（七つ森書館，2009 年）．

（ロシア語）

В.А.Гаврилов, Е.Л.Катасонова, *Японские военнопленные в СССР*, Международный фонд Демократия, Москва, 2013（ヴィクトル・ガヴリ

ロフ，エレーナ・カタソノワ『ソ連に於ける日本人軍事捕虜』国際基金デモクラチア，モスクワ，2013年).

В.П.Галицкий, "Архивы о лагерях японских военнопленных в СССР", *Проблемы Дальнего Востока*, 1990, № 6（ウラジーミル・ガリツキー「ソ連の日本人軍事捕虜収容所の記録」『極東における諸問題』1990年第6号).

В.П.Галицкий, "Вражеские военнопленные в СССР (1941-1945гг.) ", *Военно-исторический журнал*, 1990, No.9（ウラジーミル・ガリツキー「ソ連における敵軍の捕虜1941年～1945年」『軍事史雑誌』1990年第9号).

М.М.Загорулько, *Военнопленные в СССР. 1939-1956гг. Документы и материалы*, Москва, 2000（マキシム・ザゴルリコ『ソ連における軍事捕虜1939～1956年——資料とデータ』，モスクワ，2000年).

В.В.Карпов, *Пленники Сталина. Сибирское интернирование японской армии.1945—1956гг.* Киев-Львов, 1997（ヴィクトル・カルポフ『スターリンの捕虜たち——日本軍のシベリア抑留1945年～1956年』キエフ・リヴィウ，1997年).

Е.Л.Катасонова, *Японские военнопленные в СССР: большая игра великих держав*, ИВРАН, Москва, 2003（邦訳『関東軍兵士はなぜシベリアに抑留されたのか』社会評論社，2004年).

Е.Л.Катасонова, *Последние пленники Второй мировой войны: малоизвестные страницы российско-японских отношений*, ИВРАН, Москва, 2005（エレーナ・カタソノワ『第二次世界大戦の最後の捕虜——露日関係の知られざるページ』ロシア科学アカデミー東洋学研究所，モスクワ，2005年).

С.И.Кузнецов, *Проблема военнопленных в российско-японских отношениях после Второй мировой войны*, Иркутск, 1994（セルゲイ・クズネツォフ『第二次世界大戦後の露日関係における軍事捕虜問題』，イルクーツク，1994年).

РГВА（ロシア国立軍事文書館），Ф.1/п, оп. 01-е, д.41. л.30-31.

РГВА（ロシア国立軍事文書館），Ф.1/а, оп. 15, д.13. л.86; л.95.

РГВА（ロシア国立軍事文書館），Ф.1/а, оп.17, д.1, л.6-7.

РГВА（ロシア国立軍事文書館），Ф.1/п, оп. 35а, д.51. л.8; л.12.

Русский архив: Великая Отечественная (5-4), ТЕРРА. Москва, 1996（『ロシア公文書史料集大祖国戦争』TERRA, モスクワ，1996年).

編者
ボルジギン・フスレ（呼斯勒／Husel Borjigin）
昭和女子大学人間文化学部国際学科教授。
北京大学哲学部卒。東京外国語大学大学院地域文化研究科博士後期課程修了，博士（学術）。内モンゴル大学芸術学院講師，東京大学大学院総合文化研究科・日本学術振興会外国人特別研究員などをへて，現職。
主な著書に『中国共産党・国民党の対内モンゴル政策（1945〜49年）――民族主義運動と国家建設との相克』（風響社，2011年），編著『20世紀におけるモンゴル諸族の歴史と文化――2011年ウランバートル国際シンポジウム報告論文集』（風響社，2012年），『国際的視野のなかのハルハ河・ノモンハン戦争』（三元社，2016年）など。

執筆者・翻訳者（掲載順）
坂東眞理子（ばんどう まりこ／Mariko Bando）
東京大学卒業，クイーンズランド工科大学，モンゴル大学院大学名誉博士。
昭和女子大学理事長・総長。
内閣総理大臣官房参事官，統計局消費統計課長，埼玉県副知事，内閣府男女共同参画局長などをへて，2007年昭和女子大学学長就任（2016年まで）。
『男女共同参画社会へ』（勁草書房，2004年），『女性の品格』（PHP研究所［PHP新書］，2006年），『日本の女性政策』（ミネルヴァ書房，2009年），『ソーシャル・ウーマン』（LLPブックエンド，2014年）など著書多数。

金子朝子（かねこ ともこ／Tomoko Kaneko）
昭和女子大学卒業，サンフランシスコ州立大学英語教育学修士，テンプル大学英語教育学博士。
現在，昭和女子大学学長，教授。
昭和女子大学附属中学・高等学校英語教諭，昭和女子大学副学長を経て現職。
主な著書に，『第二言語習得序説』（研究社，2003年），*English Corpora Under Japanese Eyes*（［共著］Rodopi, Amsterdam, 2004年），『第二言語習得研究の現在』（［共著］大修館，2008年），『大学英語教育学――その方向性と諸分野』（［共著］大修館，2010年），『第二言語習得――言語習得から脳科学まで』（［共著］大修館，2010年），*Use of English by Japanese Learners: Study of Errors*（三秀舎，2011年）など。

田中克彦（たなか　かつひこ／Katsuhiko Tanaka）
一橋大学大学院社会学研究科単位修得退学，博士（社会学）。
一橋大学教授をへて，現在，一橋大学名誉教授。
主な著書に，『草原と革命——モンゴル革命50年』（晶文社，1971年。恒文社，1984年），『草原の革命家たち——モンゴル独立への道』（中公新書，1973年），『言語からみた民族と国家』（岩波書店，1978年），『ノモンハン戦争——モンゴルと満州国』（岩波新書，2009年），『「シベリアに独立を！」諸民族の祖国をとりもどす』（岩波書店，2013年）など。

エレーナ・L・カタソノワ（Elena L. Katasonova）
モスクワ大学卒，博士（歴史学）。
現在，ロシア科学アカデミー東洋学研究所日本研究センター長，主任研究員。
主な著書に，*Японские военнопленные в СССР: большая игра великих держав*, Москва, 2003（邦訳『関東軍兵士はなぜシベリアに抑留されたのか』社会評論社，2004年），*Последние пленники Второй мировой войны: малоизвестные страницы российско-японских отношений*, Москва, 2005（『第二次世界大戦の最後の捕虜——露日関係の知られざるページ』ロシア科学アカデミー東洋学研究所，モスクワ，2005年），*Японцы в реальном и виртуальном мирах*, Москва, 2012（『現実世界と仮想世界における日本』，モスクワ，2012年）など。

二木博史（ふたき　ひろし／Hiroshi Futaki）
一橋大学大学院社会学研究科博士課程単位取得退学。
現在，東京外国語大学名誉教授。
主な著書に，*Mongolchuudyn tüükh soyolyn öviig möshgökhüi*（Ulaanbaabar, 2002），『蒙古的歴史与文化』（呼和浩特，2003年），*Landscapes Reflected in Old Mongolian Maps*（［共著］Tokyo, 2005）など。

富田武（とみた　たけし／Takeshi Tomita）
東京大学大学院社会学研究科単位取得満期退学。
現在，成蹊大学名誉教授。
主な編著書に，『スターリニズムの統治構造——1930年代ソ連の政策決定と国民統合』（岩波書店，1996年），『戦間期の日ソ関係　1917-1937』（岩波書店，2010年），『シベリア抑留者たちの戦後　冷戦下の世論と運動1945-1956』（人文書院，2013年）。

ボルジギン・フスレ（呼斯勒／Husel Borjigin）
編者紹介参照。

ガリンデヴ・ミャグマルサムボー（Galindev Myagmarsambuu）
モンゴル国防大学卒業、博士（歴史学）。
現在、モンゴル科学アカデミー歴史・考古学研究所首席研究員、教授。
主な著書に、*Монгол Улсын тусгаар тогтнол ба Ардын Хатанбаатар С.Магсаржав*, Улаанбаатар, 2000（『モンゴルの独立とハタンバートル・マグサルジャブ』、ウランバートル、2000年）、*Баргын эрх чөлөөний тэмцэл: Нүүдэл, суудал*, Улаанбаатар, 2007（『バルガ人の自由のための戦い：移動、定住』、ウランバートル、2007年）、*Монгол Улсын цэрэг, цэргийн жанжид (Дөтгөөр дэвтэр)Цэргийн жанжин Манлай баатар Жамсрангийн Дамдинсүрэн*, Улаанбаатар, 2012（『モンゴルの将軍IV：常勝将軍ジャスランギーン・ダムディンスレン』、ウランバートル、2012年）など。

オレグ・D・バザロフ（Oleg D. Bazarov）
イルクーツク州立大学大学院修了、博士（歴史学）。
現在ロシア連邦ブリヤート国立大学副学長、教授。
主な著書に、*Японские военнопленные в Бурятии, 1945-1948 гг.*, Иркутск, 1997（『ブリヤートにおける日本の戦争捕虜：1945〜48年』、イルクーツク、1997年）、*"Сибирское интернирование": японские военнопленные в Бурятии 1945-1948 гг.*, Улан-Удэ, 1997（『「シベリア抑留」：ブリヤートにおける日本の戦争捕虜　1945〜48年』、ウランウデ、1997年）など。

李守（り　すう／Lee Su）
一橋大学大学院社会学研究科博士課程単位取得退学（社会学修士）。
現在、昭和女子大学人間文化学部国際学科教授。
主な論文に、「朝鮮人の満洲体験――ディアスポラからネットワークへ」（『モンゴルと東北アジア研究』第1号、風響社、2015年）、「朝鮮族の二言語使用と中国の多民族政策―委縮する中国の多言語状況」（『多言語主義再考――多言語状況の比較研究』三元社、2012年）、「朝鮮語表記における音と形――語頭音法則をめぐって」（『言語政策』2、2006年）など。

小林昭菜（こばやし　あきな／ Kobayashi Akina）
法政大学国際文化学部卒，法政大学大学院政治学研究科博士後期課程修了，博士（政治学）。
2010年度日露青年交流センター若手研究者等フェローシップ受給，ロシア科学アカデミー東洋学研究所派遣研究員，ピッツバーグ大学世界史センター客員研究員。
現在，法政大学大学院国際文化研究科兼任講師。
主な論文に「シベリア抑留研究の現状と課題――日露の先行研究から」(『異文化・論文編』[法政大学国際文化学部紀要] 第11号，2010年)，「ドイツ人軍事捕虜の"反ファシスト運動" 1941年～1948年――"シベリア民主運動"発生のケースと比較して」(熊田泰章編『国際文化研究への道　共生と連帯を求めて』彩流社，2013年)，『戦後のソ連における日本人軍事捕虜1945年～1953年』(法政大学大学院博士学位取得論文，2015年) ほか。

上村明（かみむら　あきら／ Akira Kamimura）
東京外国語大学大学院博士後期課程単位取得退学。
現在，同大学外国語学部非常勤講師・研究員。
共編著書に，*Landscapes reflected in old Mongolian maps*（「史資料ハブ地域文化研究拠点」研究叢書，東京外国語大学）。論文に，"Pastoral mobility and pastureland possession in Mongolia" (N. Yamamura, N. Fujita, and A. Maekawa [eds.] *Environmental Issues in Mongolian Ecosystem Network under Climate and Social Changes*, 2012, Springer) など。

三矢緑（みつや　みどり／ Midori Mitsuya）
東京外国語大学大学院地域文化研究科博士後期課程単位取得退学。
現在，翻訳などに従事。
主な翻訳書に，ボルジギン・フスレ（呼斯勒），今西淳子編著『20世紀におけるモンゴル諸族の歴史と文化――2011年ウランバートル国際シンポジウム報告論文集』([共訳] 風響社，2012年)，田中克彦，ボルジギン・フスレ編『ハルハ河・ノモンハン戦争と国際関係』([共訳] 三元社，2013年)，ボルジギン・フスレ編『国際的視野のなかのハルハ河・ノモンハン戦争』([共訳] 三元社，2016年) など。

日本人のモンゴル抑留とその背景

発行日	初 版 第 1 刷 2017 年 2 月 28 日
編 者	ボルジギン・フスレ　2017©Husel Borjigin
装 幀	臼井新太郎
発行所	株式会社 三元社
	〒 113-0033　東京都文京区本郷 1-28-36　鳳明ビル
	電話／03-5803-4155　FAX ／03-5803-4156
印刷＋製本	モリモト印刷 株式会社

Printed in Japan
ISBN978-4-88303-432-1
http//www.sangensha.co.jp